당신은 세상에서 가장 소중한 사람입니다.

사랑하는 　　　　　　　　　　 에게

　　　　　　　　　　　　　　　　 드림

설교에 맛을 내는 예화12 회개 • 거듭남

초판 1쇄 인쇄 | 2011년 5월 30일
초판 1쇄 발행 | 2011년 5월 30일

지은이 | 한치호
교 정 | 최화숙
편 집 | 최영규
펴낸이 | 정신일
펴낸곳 | 크리스천리더
주 소 | 부천시 원미구 중동 667-16 (2층)
연락처 | ☎ (032)342-1979 fax.(032)343-3567
홈페이지 | www.cjesus.co.kr
총 판 | 생명의 말씀사 (02)3159-8211
등 록 | 제2-2727호(1999. 9. 30.)
　　　　ISBN 978-89-6594-015-9 04230
　　　　ISBN 978-89-93273-63-2 (세트)

값 5,800원

저자와의 협약 아래 인지는 생략되었습니다.
이 출판물은 저작권법에 의해 보호를 받는 서작물이므로
무단전재와 무단복제를 할 수 없습니다.
■ 잘못된 책은 구입하신 곳에서 바꾸어 드립니다.

설교에 맛을 내는 예화 12

Preaching with good Story

[회개 · 거듭남]

CLS 크리스천리더

추천사

설교에 맛을 내는 예화

목회자가 하나님의 말씀을 쉽게 전달하기 위해서는 참신하고 호소력 있는 예화들이 필요하다.

그러나 우리는 예화 자료를 얻기가 쉽지 않다. 설교를 준비해 본 사람이면 예화자료의 부족으로 한 두 번쯤은 고민해 본 경험을 갖고 있을 것이다.

본인과 늘 가까이 대하는 좋은 후배로서, 언제나 동역자로 함께 지내오고 있는 한치호 목사가 설교자들을 돕기 위하여 하나님의 말씀 전파를 돕는 예화를 엮는다는 소식을 접하였을 때 흐뭇하였다.

사실, 우리는 기독교 서점에 나가보면 이런 저런 형태의 예화 집들을 쉽게 대하게 된다. 그럼에도 이 예화집에 기대를 거는 것은 주제별로 예화를 묶는 것에 있다.

한가지 소재를 가지고 설교 원고를 작성했을지라도 그 주제에 꼭 알맞은 예화를 선택하는 데는 시간을 필요로 한다. 그런데 동일한 주제에 맞는 예화들을 1백편 이상 추려서 한 권의 책으로 엮는다니 얼마나 좋은 아이디어인가!

우리는 예수님께서 천국복음을 전파하실 때, 아주 적절하게 예화를 사용하셨음을 알고 있다.

본문을 풍성하게 해주는 적절하고 은혜로운 예화의 사용은 성도들에게 설교의 성패를 좌우할 수 있다.

설교에 있어서 예화의 사용은 설교의 문을 여는 역할을 하며 윤활유와 같다. 교회를 담임하고 평생을 설교를 해온 본인의 경험으로는 하나님의 말씀을 듣기 전에 대하게 되는 예화가 강단에 끼치는 영향은 매우 크다고 할 수 있다.

우선, 성도들이 설교를 이해하는데 도움을 주고, 둘째로 설교의 내용을 오래 기억하게 하며, 셋째는 설교를 되새길 수 있는 여유를 주는 까닭에 설교에 있어서 없어서는 안 되는 요소라 하겠다.

목회자들의 강단과 성도들의 은혜를 고려한 예화를 엮는 작업에 있어서 한치호 목사는 부족함 없는 사람이다.

그는 지금까지의 삶을 하나님의 종으로서 훌륭한 모습을 보여 왔기에, 그의 인품을 보아 좋은 책을 엮어 내리라고 기대하며, 즐거운 마음으로 추천한다.

2009년 12월

이충선 목사(경기노회 전노회장, 예장합동)

차 례

추천사 이충선 목사
들어가는 글 회개 • 거듭남

1. 합당한 열매

1. 회개의 불길_18
2. 회개하는 자에게_20
3. 돌이키면 살리라_22
4. 회개와 심판_24
5. **회개와 용서**_26
6. 한국의 오순절 이야기_28
7. 오늘날의 탕자_30
8. 우리의 죄를 기억치 않으심_32
9. 대학자 회개시킨 노파_34
10. 회개의 기회_36
11. 바다가재의 탈피_38
12. 존 뉴튼의 거듭남_40
13. 거듭난 사람의 증거_42
14. 낡은 껍질을 벗자_44
15. 조난당한 배의 선장이 할 일_46
16. 새롭게 태어납니다 _48
17. 피를 좋아하는 표범_50

18. 중국 스파이_52
19. 거듭난 아들의 삶_54
20. 솔개의 선택_56
21. 다시 태어난다면_58
22. 진정한 고백의 은혜_60
22. 가장 양심적인 돈_62
23. 개과천선_64
24. 노벨상 후보 고찬익 장로_66

2. 죄를 사하시며

1. 도둑과 성경_70
2. 도둑질한 영광_72
3. 도스토에프스키의 삶_74
4. 딸을 기다린 어머니_76
5. 어머니의 유언_78
6. 회개로 시작되다_80
7. 인생의 의미_82
8. 죄를 고백한 찬성_84
9. 진정한 깨달음_86
10. 진정한 회개의 모델, 하디 선교사?_88
11. 피할 수 없는 하나님_90
12. 회개의 선물로 받은 복_92
13. 회개한 도둑_94
14. 세 사람의 진실한 회개_96

15. 예수라고 하는 빛을 보고_98
16. 죄가 기억나게 하심_100
17. 회개한 노상강도_102
18. 용서받을 기회_104
19. 용서받아야 할 인간_106
20. 모두가 축복받는 용서 _108
21. 한 변호사의 간증_110
22. 하늘의 기쁨_112
23. 깡패에서 목사로_114
24. 불륜아내 살해_116
25. 주 예수 내 맘에 들어와 계신 후_118

3. 사하여 주시리라

1. 내 안에 예수님의 마음을 채워라_122
2. 워싱턴의 회개_124
3. 요한 웨슬레의 신앙각성_126
4. 작은 죄 큰 죄_128
5. 시실섬의 사건_130
6. 회개_132
7. 20년만의 진실_134
8. 나병이 낫듯이_136
9. 강도 만난 목사_138
10. 거듭나지 못하면_140
11. 굼벵이의 거듭남_142
12. 거듭나야 한다_144

13. 인생을 주관하시는 하나님_146
14. 하나님의 오묘한 섭리_148
15. 도박으로부터의 탈출_150
16. 도공_152
17. 부활의 기쁜 소식_154
18. 거듭나지 못한 마음_156
19. 어느 목사님의 회개_158
20. 날마다 죽노라_160
21. 용서와 회개_162
22. 신앙 점검_164
23. 윗필드의 '삶의 점검표'_166
24. 눈물 앞에 뉘우침_168
25. 나는 그분이 그립습니다_170

4. 돌이켜 회개하고

1. 거듭난 일곱 소년_174
2. 뭐든지 깨끗이 지우는 법_176
3. 해적 두목의 회개_178
4. 잊음_180
5. 로버트 모리슨 목사_182
6. 예수님 사진_184
7. 말썽꾸러기 소년의 변화_186
8. 나는 죄인입니다_188
9. 고귀한 변화_190
10. 마르틴 루터의 변화_192

11. 오늘 회개하라_194
12. 사라진 복수심_196
13. 위대한 사람_198
14. 진정한 변화_200
15. 저드슨의 회심_202
16. 회개하는 마음_204
17. 회개하기 전에는_206
18. 자백의 다리_208
19. 지도자들의 회개_210
20. 러시아의 한 깡패의 회심_212
21. 은행에서는 몰라도_214
22. 지옥행 열차는 타기 싫다!_216
23. 회개했는가?_218
24. 못 들어갑니다!_220
25. 회복의 은총_222

아름다운 변화

회개는
이기적인 욕심을 버리고
하나님을 찾겠다는 결심입니다.
그것은 애통함을 불러일으키고자
자기잘못을 시인하게 하며,
앞으로 더 잘하고 싶다는 갈망을 만들어 내는
참되고 신실한 후회입니다.

회개는
외면의 행동으로 나타나는 내면의 자각입니다.
우리는 하나님의 사랑을 보면서도, 하나님께서
우리를 사랑하신다는 사실을 믿지 못했습니다.
하지만 이 사실을 깨달을 때
우리의 삶은 변화되기 시작합니다.
이것이 회개의 본질입니다.

-맥스 루케이도의 '형통한 날의 은혜' 중에서-

설교에 맛을 내는 예화12 - 회개·거듭남

회개

"아버지는 종들에게 이르되 제일 좋은 옷을 내어다가 입히고 손에 가락지를 끼우고 발에 신을 신기라"(눅 15:22).

회개란 믿음을 필요로 한다. 이 믿음은 바로 아버지의 마음을 받아들이는 것이다. 아버지의 넓은 가슴에 그대로 안기는 것을 의미한다.

비록 자격이 없지만 아버지께서 아들로 여기시니 아들이 된 것이다.

"자격이 있다, 없다"라고 말해서는 안 된다. 아버지가 사랑하면 그것으로 충분한 것이다. 아버지 안에서 자기를 발견하는 것이 믿음이요, 회개이다.

진정한 회개는 자신의 의를 포기하고, 노력과 수고도 다 접어두고, 아버지의 마음을 그대로 수용하는 것이다. 그리고 그 아버지가 인정하는 자기 가치만 보는 것이다.

중국의 위대한 선교사 허드슨 테일러는 "피아노 연주가 끝난 다음에 조율을 하는 것이 아니고 중요한 연주 앞에서 조율을 한다."라고 말했다.

우리는 산 다음에 회개하지 말고, 아무렇게나 생활한 다음에 후회하고 회개하지 말고, 생활하기 전에 우리를 조율해야 한다.

거듭남

미국의 정가에서는 뜻 밖에도 "거듭난다"(Born Again)라는 말이 자연스럽게 사용되고 있다.

일찍이 지미 카터 대통령이 자신을 "거듭난 그리스도인"(Born Again Christian)이라고 소개한 것이 그 효시라고 할 수 있다. 닉슨 대통령의 특별 보좌관을 지냈던 찰스 콜슨이라는 사람이 워터게이트 사건으로 복역하다가 신앙적 체험을 했는데 이것을 기초로 자서전을 펴냈다.

그 자서전의 이름을 「거듭남」(Born Again)이라고 했고, 이것이 베스트셀러가 됐고, 영화로 만들어진 후에 보다 널리 쓰여 지게 된 것이다. 그리고 조지 부시 대통령도 나이 40세에 거듭났다고 자신의 신앙적 체험을 말함으로써 이제 유행이 되다시피 했다.

이 거듭난다는 말이 이렇게 유행처럼 사용되면서 그 뜻이 무엇인지도 모른 채 여기저기서 널리 사용되고 있다.

"정치계가 거듭나야 한다.", "우리 교육이 거듭나야 한다.", 심지어 "불교계가 거듭나야 한다.", "오늘 하루도 거듭나는 생활을 합시다!" 등등. 거듭남이라는 용어가 오용되고 또 남용되고 있어서 자칫 그 본래의 뜻을 잃어버리기가 쉽다.

거듭남이란 생각이나 의식이 바뀐 것을 말하지 않는다. 의식이 전환되고 가치관이 변화된 것을 말하지 않는다는 말이다.

그러면 거듭남이란 무엇일까?

거듭남이란 말을 최초로 사용하신 분은 바로 우리 주님이시다. 그리고 이 거듭남이란 말이 최초로 우리에게 소개된 곳이 요한복음 3장 3절이다.

"예수께서 대답하여 이르시되 진실로 진실로 네게 이르노니 사람이 거듭나지 아니하면 하나님 나라를 볼 수 없느니라"

그러니까 우리 주님께서 사람이 거듭나야 한다는 사실을 최초로 선포하신 것이다.

그러며 거듭난 사람은 어떤 사람인가? 거듭난 사람들은 그 삶 자체가 달라진다. 그 영이 살아났기 때문이다. 그가 참된 인간 곧 생령이 되었기 때문이다.

거듭남은 주님께서 성경을 통해 알려주신 비밀이다. 우리 믿는 사람들에게만 알려주신 비밀이다. 이 거듭남이야 말로 우리에게 주신 가장 소중한 축복이다. 우리는 거듭나야 하고 또한 거듭난 사람으로서 살아가야 한다. 거듭남을 체험했던 여러 람들의 간증과 글들을 모았다. 우리들도 거듭난 그 순간을 떠 올려 보며 주님이 기뻐하시는 모습으로 회복하자.

01
합당한 열매

그러므로 회개에 합당한 열매를 맺고(마 3:8).

01 | 회개의 불길

1904년 영국 웨일스에 한 젊은 광부가 있었다. 머리카락은 탄진으로 범벅이었고 손톱에는 새까맣게 때가 끼어 있었다. 휴식시간, 탄광의 광부들은 담배를 피우며 잡담을 나누었으나 청년은 조용히 앉아서 책을 읽었다.

이 청년의 꿈은 영국을 도덕적 타락으로부터 구해내는 것이었다. 어느 날 그는 한 목사를 찾아가 강연을 하게 해달라고 간청했다.

"자네 같은 탄광노동자의 강연에 과연 누가 귀를 기울이겠는가. 단지 30분만 강단을 빌려주겠네."

청년은 강단 위에 올랐다. 젊은 전도자는 담대하게 하나님께 들은 말씀을 선포하였다. 그의 메시지는 단순했다.

1) 당신은 생각나는 모든 죄를 하나님께 고백해야만 한다.
2) 당신은 생활 속에서 좋지 않은 습관은 모두 제거해야만 한다.
3) 당신은 성령님의 인도하심에 즉각 순종해야 한다.
4) 당신은 그리스도를 증거하기 위해서 대중에게 나아가야만 한다.

비록 로버츠의 설교는 미숙했지만, 목사와 17명의 교인들은 마음이 하나님을 만남으로 불타기 시작했다. 다음날 밤에는 더욱 많은 사람들이 젊은 설교자의 말씀을 듣기 위해 모여들었으며, 부흥의 불길은 순식간에 다른 교회에 퍼져갔다. 5개월 만에 웨일스 시민 1만여 명이 회개했다. 2년 만에 2백만 명의 영국인이 회개운동에 참여했다.

학생, 법조인, 주부, 교사 등 모든 계층의 사람들이 통렬한 회개운동을 펼쳤다. 재판관들은 법정에서 재판을 중단하고 피고를 위해 기도했다.

이 청년의 이름은 이반 로버츠, 한 사람의 '창조적인 선각자'가 영국을 타락의 늪으로부터 구출해냈다.

예화와 관련된 말씀

그러므로 회개에 합당한 열매를 맺고(마 3:8).

나는 너희로 회개하게 하기 위하여 물로 세례를 베풀거니와 내 뒤에 오시는 이는 나보다 능력이 많으시니 나는 그의 신을 들기도 감당하지 못하겠노라 그는 성령과 불로 너희에게 세례를 베푸실 것이요(마 3:11).

02 | 회개하는 자에게

미국의 유명한 부흥가 무디 선생에게 어느 날 한 청년이 몹시 근심 어린 표정으로 찾아와서는 다음과 같이 말했다.

"저는 회사에서 회계 업무를 담당하는 사람인데 그만 큰 시험에 들어서 주인의 돈을 1,500 달러나 훔치게 되었습니다. 하지만 지금은 주인께 돈을 돌려 드리고 잘못을 용서받고 싶은데 거의 써 버리고 남은 것이 얼마 없습니다.

남은 돈으로 장사를 하여 1,500 달러를 받은 후에 갚으려고 하는데 어떨까요?"

청년의 말을 곰곰이 듣던 무디 선생은 "훔친 돈으로 장사를 한다는 것은 말도 안 됩니다. 남은 돈이라도 우선 돌려드리고 용서를 구하는 것이 어떻겠습니까?"라고 말했다.

그러자 그는 "그렇게 하고는 싶지만 혼자서는 도저히 찾아갈 용기가 나지 않습니다." 라고 말하는 것이었다.

이렇게 해서 무디 선생은 그 청년과 함께 주인을 찾아 갔다. 이야기를 다 듣고 난 주인은 "나는 그러한 사실을 전혀 몰랐습니다.

이렇게 찾아와서 용서를 구하니 오히려 나도 기쁩니다."

라고 말하며 그 청년의 잘못을 너그럽게 용서해 주었다.

우리도 우리의 죄를 다 하나님께 고백할 때 하나님의 용서를 받을 수 있다. 회개하는 자에게 하나님의 은혜가 임한다.

 예화와 관련된 말씀

예수께서 권능을 가장 많이 행하신 고을들이 회개하지 아니하므로 그 때에 책망하시되 화 있을진저 고라신아 화 있을진저 벳새다야 너희에게 행한 모든 권능을 두로와 시돈에서 행하였더라(마 11:20,21).

03 | 돌이키면 살리라

오래도록 교회문 밖에서만 맴돌던 인도의 한 청년이 눈병으로 심히 고통을 당하다가 병원에 입원했다.

눈을 정밀히 진찰한 의사는 긴장된 표정으로 눈에 살인적인 병독이 들어가 감염되었으므로 두 눈을 뽑지 않으면 생명이 위험하므로 내일 즉시 두 눈을 뽑아야 한다고 말했다. 참으로 절망이었다.

그 청년은 아픔과 번민과 슬픔으로 몸부림치고 있는데 크리스천 친구가 찾아와 마지막으로 하나님께 매달려 보라고 권고했다.

그런 절망적인 상황에서 무슨 말인들 못 듣겠는가? 그는 친구와 함께 교회에 나가 기도하는데 참으로 염치가 없었다. 그토록 예수 믿으라고 할 때는 끄덕도 하지 않던 자신이 죽게 되자 살려달라고 하고 있으니 말이다.

그는 완악했던 마음부터 회개하기 시작하니 기도의 홍수문이 열려 모든 것을 철저히 회개했다.

그는 울고 또 울었다. 얼마나 많은 눈물을 흘렸는지 눈이 퉁퉁 부을 정도였다.

다음날 마음이 홀가분하여 가벼운 마음으로 수술대에 올

랐는데 다시 진찰을 하던 의사는 깜짝 놀라는 것이었다. 그 토록 심하게 번졌던 독균이 깨끗이 사라진 것이었다. 그의 뜨거운 회개의 눈물은 영육의 생명을 모두 고침 받게 했다.

오늘도 회개의 능력을 알고 허물과 죄악은 모두 하나님 앞에 회개하여 아름답게 살아가길 바란다.

예화와 관련된 말씀

수고하고 무거운 짐 진 자들아 다 내게로 오라 내가 너희를 쉬게 하리라(마 11:28).

내가 너희에게 이르노니 이와 같이 죄인 한 사람이 회개하면 하늘에서는 회개할 것 없는 의인 아흔아홉으로 말미암아 기뻐하는 것보다 더하리라(눅 15:7).

04 | 회개와 심판

나는 미국 워싱톤에서 오랫동안 계시다가 최근에 고급 관리로서 한국으로 돌아온 어떤 분과 아침 식사를 같이 한 적이 있었다.

그분은 고국에서 1년 이상을 지내면서 여러 가지 안타까운 모습들을 보았는데 최근에 한국일보사에 다음과 같은 투고가 들어왔다는 이야기를 했다.

"할 수만 있다면 서울을 다 불사르고 새롭게 시작하고 싶다!"

그분은 이 글을 읽고 서울이 얼마나 부패하고 부조리하며 불의가 가득하면 이토록 분노할까 생각하면서 소름이 쫙 끼쳤다고 한다. 그러면서 한국에 회개운동이 일어나도록 기도해 달라고 부탁했다.

도덕적인 부패의 한계 상황에 도달한 도시를 보고 한 젊은 이가 그 도시를 불살라버리고 싶다는 느낌을 받았을 정도라면 하나님께서 보시기에는 어떠하겠는가?

벧후 3장 15절을 보면 하나님께서 오래 참으시는 분이라고 했다. 하나님의 기다리심은 기다림을 넘어 하나님의 고통이다. 거룩하신 하나님은 고통하시면서 이 세상의 죄악을 보신다.

그러나 영원히 지켜보시지만은 않으실 것이다. 회개할 기회를 주시기 위해서 하나님께서는 그분의 때에 이 세대를 심판하시고야 말 것이다.

−이동원목사, 〈지구촌교회〉

 예화와 관련된 말씀

또 우리 주의 오래 참으심이 구원이 될 줄로 여기라 우리가 사랑하는 형제 바울도 그 받은 지혜대로 너희에게 이같이 썼고(벧후 3:15).

이 모든 것이 이렇게 풀어지리니 너희가 어떠한 사람이 되어야 마땅하냐 거룩한 행실과 경건함으로 하나님의 날이 임하기를 바라보고 간절히 사모하라 그 날에 하늘이 불에 타서 풀어지고 물질이 뜨거운 불에 녹아지려니와(벧후 3:11,12).

05 | 회개와 용서

 인도의 성자 마하트마 간디도 어렸을 적에는 일반 소년들처럼 평범한 아이로 자랐다. 하루는 친구들과 함께 놀다가 근처에 있는 가게에서 구워 파는 양고기가 어찌나 먹고 싶었던지 궁리 끝에 집에 돌아와서 엉뚱한 일을 저지르고 말았다. 몰래 아버지의 침실로 들어가서 장롱을 뒤져 동전 몇 푼을 꺼내들고 상점으로 달려가 고기 몇 점을 사먹었다.

 그것이 너무 맛이 있어서 단번에 먹어 치우기는 하였지만 저녁이 되어 집에 돌아온 그는 잠자리에 누웠으나 마음에 걸려 잠을 이룰 수가 없었다. 한동안 이불 속에서 뜬눈으로 이리 구르고 저리 굴러도 잠이 오지 않았다.

 어떻게 하면 좋을까? 그는 고통스럽게 밤을 지새우기보다 차라리 벌을 받을지언정 정직하게 고백하는 편이 나으리라는 생각이 들었다. 그러나 늦은 밤에 아버지께 찾아가 직접 말씀드리기가 어려워서 작은 종이조각에 몇 줄을 적어서 그것을 돌돌 말아 가지고 아버지의 침실 문 열쇠구멍에 끼워 넣고 돌아오니 한결 마음이 가벼워지는 것 같았다.

 그 이튿날 새벽이 밝았다. 그는 잠에서 깨자 어쩐지 아버지가 노한 모습으로 달려오실 것 같은 예감이 들어 급히 아버지의 침실 쪽으로 향해 갔다. 가서 보니 열쇠구멍에 꽂혔던 종이조각은 없어지고 그 구멍을 통해 방안을 살피니 아버지께서 그 종이조각을 읽으시며 눈물을 닦으시는 모습이 보였다.

그때 그는 더 오래 지체할 수가 없어서 방문을 열고 들어가서 그의 잘못을 정직하게 고백하였고 아버지는 그를 꼭 껴안아 뜨거운 사랑을 표시하였다고 한다. 후에 그는 성인이 되어 이때의 경험을 회고하면서 아버지의 용서하여 주시는 얼굴을 보면서 하나님의 인자하신 얼굴을 발견할 수 있었다고 술회하였다.

예화와 관련된 말씀

만일 하루에 일곱 번이라도 네게 죄를 짓고 일곱 번 네게 돌아와 내가 회개하노라 하거든 너는 용서하라 하시더라(눅 17:4).

06 한국의 오순절 이야기

1907년 1월 6일부터 열렸던 평양 장대현교회의 저녁집회 열리는 날이 갈수록 더해 갔다. 그러다 14일 저녁집회 때 능력의 종으로 말씀을 선포하던 길선주 장로가 회중 앞에서 자신의 죄를 공개적으로 통회하는 일이 일어났다.

"나는 아간과 같은 자입니다. 나 때문에 하나님이 축복을 주실 수가 없었습니다. 약 1년 전에 내 친구 중 한 사람이 임종 시에 나를 자기 집으로 불러서 말하기를 '길 장로, 나는 이제 세상을 떠날 것 같으니 내 재산을 잘 정리해 주시오. 내 아내는 셈이 약하기 때문이오.' 라고 부탁했습니다. 나는 내가 잘 돌보아 드릴 테니 염려 말라고 대답했습니다. 그러나 미망인의 재산을 관리하다 나는 미화 100달러 상당의 금액을 사취했습니다. 나는 하나님의 일을 방해해 온 것입니다. 내일 아침에 그 돈 전액을 미망인에게 돌려 드리겠습니다."

길선주의 예기치 않은 고백은 그곳에 모인 사람들의 상한 심령을 주님께로 향하게 만들기에 충분했다. 길선주의 회개가 있은 후 그렇게 무겁게 짓누르던 방해의 장벽은 별안간

무너져 버리고 거룩하신 하나님이 친히 임재 해 주셨다.

이에 이길함 선교사는 "기도하기를 원하면 함께 통성으로 기도하십시다." 라며 통성기도를 요청했고, 그곳에 모인 이들은 간절히 기도했다.

길선주의 회개가 마치 뇌관에 불을 붙인 것처럼 되어 청중 가운데 성령의 강한 임재와 통회의 역사가 나타난 것이다. 그곳에 참석한 한 선교사는 한국인들의 기도 소리가 마치 하늘 보좌를 향해 포효하는 것 같았다고 증언했다.

예화와 관련된 말씀

그러므로 너의 이 악함을 회개하고 주께 기도하라 혹 마음에 품은 것을 사하여 주시리라(행 8:22).

07 │ 오늘날의 탕자

신문에 매우 감동적인 기사가 실린 적이 있다.

고등학교에 다니는 아들이 공부는 하지 않고 가짜 대학생 행세를 하며 좋지 않은 친구들과 어울려 다니는 것을 안 아버지가 이를 그냥 묵과할 수 없어서 아들을 불러 훈계를 하였다. 아버지의 훈계가 사랑의 훈계였음에도 불구하고 아버지의 훈계를 잔소리라고 여긴 아들은 그만 가출을 해버리고 말았다.

아버지는 집을 나간 방탕한 자식을 찾기 위해 사방으로 수소문을 하며 정신없이 돌아다녔지만 아들의 행방을 알 길이 없었다. 그러던 중 다행히도 아들이 자신의 잘못을 뉘우치고 그 뉘우침의 표시로 삭발을 하고 집으로 돌아왔다.

이러한 아들의 모습을 본 아버지는 참으로 그 아들의 마음을 깊이 이해해 주면서 아들을 받아들였다. 아들이 뉘우치고 돌아온 것에 감동한 아버지는 자신도 이발소에 가서 삭발을 하였다. 아들은 아버지의 이러한 행동에 무릎을 꿇었다. 그리고는 다시는 나쁜 짓을 하지 않겠다며 아버지의 품에 안겨 통곡을 하였다.

예수님께서는 우리가 못났음에도 불구하고 죄를 지었음에도 불구하고 자식을 불쌍히 여기는 이 아버지와 같이 우리를 불쌍히 여기시고 사랑하시는 것이다.

예화와 관련된 말씀

이에 일어나서 아버지께로 돌아가니라 아직도 거리가 먼데 아버지가 그를 보고 측은히 여겨 달려가 목을 안고 입을 맞추니 아들이 이르되 아버지 내가 하늘과 아버지께 죄를 지었사오니 지금부터는 아버지의 아들이라 일컬음을 감당하지 못하겠나이다 하나(눅 15:20,21).

08 | 우리의 죄를 기억치 않으심

중세 한 수도원에서 있었던 일이다. 그 수도원 원장은 하나님으로부터 **특별한** 은사를 받아서 기도만 하면 사람을 투시해 본다. 과거의 죄를 다 들여다보는 것이다.

한 수도사가 들어왔는데 옛날에 죄를 많이 지어서 그 마음이 굉장히 괴로웠다. 물론 하나님께 회개하고 용서를 구했다. 그러나 수도원 원장 앞에 오니까 벌벌 떨린다. 내 마음을 다 꿰뚫어 보고 있겠지 싶어서 그 원장이 와서 "원장님! 원장님 기도만 하면 하나님께서 한사람의 과거의 죄를 다 보여 주셨는데 내 죄를 보여 주십니까?"

그러니까 원장이 "며칠 후에 오시오. 내가 하나님께 기도해 볼테니까."

며칠 후에 원장님실에 가니까 원장님이 "하나님께 기도하니까 하나님이 당신이 죄 없다고 그러시던데요?"

"아니요. 내가 과거에 죄를 많이 지었는데."

"당신 회개했어요?"

"회개했어요."

"회개했으면 하나님이 보혈로 씻고 잊어 버렸어요. 하나님께 기도해 보니 하나님은 당신의 죄가 없다고 말씀을 하십니다. 하나님이 없다고 하는데 왜 당신이 자꾸 있다고 그래요. 하나님을 거짓말하는 자로 만들지 마시오."

그래서 그는 완전히 죄사함을 받은 것을 알게 되었다. 용서받은 죄를 다시 기억나게 하는 것은 마귀이다.

하나님은 한 번 용서하신 죄는 다시 기억치 아니하신다. 동이 서에서 먼 것같이 멀리 옮기시고 깊은 바다 속으로 던져 버리고 다시 떠오르지 못하게 만들어 주시는 것이다.

예화와 관련된 말씀

우리를 구원하시되 우리가 행한 바 의로운 행위로 말미암지 아니하고 오직 그의 긍휼하심을 따라 중생의 씻음과 성령의 새롭게 하심으로 하셨나니(딛 3:5).

09 | 대학자 회개시킨 노파

영국의 대철학자요 수학자였던 알프레드 화이트헤드는 젊은 시절 학문에 심취하면서 신앙에 대해 깊은 회의에 빠지게 되었다. 급기야는 교회에도 출석하지 않게 되었다. 세월이 흘러 그도 어느덧 인생의 황혼기에 접어들었다.

하루는 그가 사는 도시에 폭설이 내렸다. 서둘러서 집으로 돌아오던 그는 한 노파가 눈구덩이에 빠져있는 것을 보게 됐다. 그는 얼른 노파를 구해주었다. 노파는 그에게 고맙다고 하면서 이렇게 물었다.

"내게 큰 친절을 베푸시는 것을 보니까 깊은 신앙심을 가지고 있는 분이 분명한 것 같은데 어느 교회에 출석하고 계십니까?"

그가 신앙생활을 하지 않는다고 대답했더니 노파는 의외라는 듯이 이렇게 말했다.

"아니, 다 늙어서 어쩌자고 아직도 예수님을 믿지 않는단 말이오! 그러다가 나처럼 뜻밖의 사고를 당하면 어쩌려고 그러시오? 나는 저 눈구덩이에서 죽는 줄 알고 열심히 찬송을 부르고 있었구먼."

그는 노파의 확신에 차있는 대답을 듣고서 자기가 지금껏 탐구해왔던 학문에 대한 회의가 들기 시작했다. 결국 그는 신앙을 다시금 회복하게 되었다.

예화와 관련된 말씀

나의 간절한 기대와 소망을 따라 아무 일에든지 부끄러워하지 아니하고 지금도 전과 같이 온전히 담대하여 살든지 죽든지 내 몸에서 그리스도가 존귀하게 되게 하려 하나니(빌 1:20).

그러므로 너희가 회개하고 돌이켜 너희 죄 없이 함을 받으라 이같이 하면 새롭게 되는 날이 주 앞으로부터 이를 것이요(행 3:19).

10 회개의 기회

몇 년 전, 어떤 여자가 죽을병에 걸린 적이 있었다. 그때 그 여자는 이웃에 사는 기독교인에게 이런 맹세를 했다.

"만일 하나님께서 내게 새로운 생명을 허락하신다면 앞으로는 전혀 딴 사람이 되겠습니다. 애들을 교회에 데려가고 또 하나님께서 원하시는 방식대로 자라도록 하겠습니다."

그 후 그녀는 완전히 회복되었으며 몇 개월 동안은 맹세를 잘 지켜 나갔다. 그러나 점차 시간이 흐르면서 다시 옛날의 생활방식으로 돌아가기 시작하였다.

그러던 어느 날, 옛 친구와 어울려 차를 몰고 가면서 술을 조금씩 마신 것이 원인이 되어 커다란 교통사고를 내고야 말았다.

부모가 자식을 기를 때, 자식이 한 번 잘 못 했다고 해서 회초리를 들지는 않는다. 여러 번 책망을 하고 난 다음에도 자식이 그 책망을 무시하고 여전히 자행자지하면, 그때는 회초리를 들고 종아리를 때리는 것이다.

이처럼 하나님께서도 오래 참으신다. 하지만 일단 깨닫게 하시고자 때리시면 감당할 수 없다. 하나님께서는 때리시기 전에 회개의 기회를 주신다. 그것이 하나님의 자비이다. 그러나 회개하지 않고 완고하면 파멸의 날이 다가오는 것이다. 반면 마음이 깨어지고 회개하는 사람은 주님께서 용서하시고 회복시켜 주신다.

예화와 관련된 말씀

거역하는 자를 온유함으로 훈계할지니 혹 하나님이 그들에게 회개함을 주사 진리를 알게 하실까 하며(딤후 2:25).

11 바다가재의 탈피

어떤 의미에서 우리는 모두 바다가재(lobster)를 닮았다. 바다가재가 성장하기 위해서는 속살을 보호해 주던 단단한 옛 껍질을 스스로 벗어 버리고 더 커다란 새 껍질을 뒤집어써야 한다.

이처럼 낡은 껍질을 벗어 버리는 과정을 '탈피'라고 부른다. 바다가재는 5년간의 성장기를 보내면서 무려 25번의 탈피 과정을 거치며, 다 자란 뒤에도 1년에 한 번씩 껍질을 벗는다.

탈피는 끔찍하고도 성가신 과정이다. 낡고 단단한 외피가 압력을 받아 쪼개지면, 바다가재는 모로 누운 채 근육을 꼼지락거려 벌어진 각질 사이를 빠져나온다.

낡은 껍데기에서 벗어나 새로운 외피가 생길 때까지, 불과 얼마 안 되는 시간이지만 바다가재는 외부 환경에 무방비로 노출된 채 벌거벗은 상태에서 지내야 한다.

명실상부한 그리스도인으로 성장하는 과정도 마찬가지다. 낡고 단단한 껍질을 벗어 버리고, 하나님이 우리를 새로운 곳으로 데려가실 수 있도록 자신을 내어 드려야 한다.

케케묵은 관습을 벗어나자면, 한꺼번에 밀려드는 괴롭고 고된 일을 감당해야 한다. 물론 모험적이고 두려운 결정이긴 하다. 그러나 먼저 자신을 움직이면 곧이어 다른 이들과 교감할 수 있으며, 결국 교회가 달라진다. 간단히 말해서, 하나님이 변화시켜 주시도록 자신을 맡기는 그 고단한 일을 감당해 나가다 보면 시스템 전체를 바꿔 놓을 수 있다는 뜻이다.

예화와 관련된 말씀

너희는 유혹의 욕심을 따라 썩어져 가는 구습을 따르는 옛 사람을 벗어 버리고 오직 너희의 심령이 새롭게 되어 하나님을 따라 의와 진리의 거룩함으로 지으심을 받은 새 사람을 입으라(엡 4:22~24).

12 | 존 뉴튼의 거듭남

존 뉴튼은 당시 지중해를 오가는 상선의 선장이었던 아버지를 통해 나이 열한 살부터 선원이 되었다. 어렸을 때에는 경건한 신앙인이었던 어머니의 영향으로 신앙적인 훈련을 받았지만, 일곱 살 되던 해에 어머니가 폐병으로 돌아가시고 난 후 선원들과 함께 살아가면서 성격도 거칠어지고 삐뚤어지기 시작하였다.

그는 자라면서 더욱 난폭한 성격으로 모든 사람들로부터 미움을 받게 되었다. 특히 아프리카에서 흑인들을 노예로 잡아오는 노예선에서 일하게 되면서 그는 배 안에서 온갖 나쁜 짓만 골라서 하는 잔인한 사람이 되었다.

그러던 중 1748년 3월 1일 그는 배 안에서 토마스 아켐피스의 「그리스도를 본받아」란 책을 우연히 발견하고 그 책을 읽기 시작했다. 책을 읽는 동안 그는 오랫동안 그의 영혼 속에서 깊이 잠자고 있던 어머니의 기도 소리와 찬송 소리를 다시 들을 수 있었다. 그의 마음속에 큰 변화가 일어나기 시작한 것이다. 그는 눈물을 흘리며 무릎을 꿇고 하나님께 회개하게 된 것이다.

그 후 그는 새로운 삶의 출발을 가지게 되었다. 지금까지의 모든 삶의 정리하고 그가 대적했던 바로 그 하나님의 복음을 전파하는 사명을 받고 목사의 길을 걷게 되었다. 그는 버킹검에서 16년간을, 올니교회에서 27년간을 사역했다.

그런 중에 그가 회개한 지 29년 되는 1779년, 찬송가 405장 '나 같은 죄인 살리신'을 작사하여 미국 민요 Amziging Grace곡에 붙여 부르게 되었다.

이 찬송가에서 그는 인생의 가장 밑바닥에서 방황하던 자신을 건져 주신 하나님의 사랑과 자비에 늘 감사하는 생활을 하게 된 그의 마음을 그대로 나타내어 많은 그리스도인들에게 큰 감동을 주고 있다.

 예화와 관련된 말씀

믿음으로 말미암아 그리스도께서 너희 마음에 계시게 하시옵고 너희가 사랑 가운데서 뿌리가 박히고 터가 굳어져서(엡 3:17).

13 | 거듭난 사람의 증거

 미국에 있는 어떤 자매가 변화된 모습으로 자신의 가정을 살펴보니 남편은 여전히 세상의 쾌락을 쫓고 있었다고 한다. TV프로도 세속적인 것만 좋아하더라는 것이다. 사실은 그 자매도 전에는 그런 프로를 좋아했었지만 이제는 설교가 나오는 프로를 더 좋아하게 되었다. 이렇게 변화된 자매의 모습을 본 남편은 빈정거렸다.

 "당신, 완전히 돈 사람 같군. 술이나 담배도 안하고 바가지도 안 긁고 욕도 안하고 이젠 하루 종일 기도하고 성경만 읽네. 그러고도 얼굴엔 늘 기쁨이 가득하니 미쳐도 제대로 미쳤군 그래."

 주일이 되어 성경을 들고 집을 나서면 남편과 시누이들이 비웃었다.

 "아니, 성경은 왜 가지고 가? 교회에 가면 목사님이 읽어주시는데 뭐하러 귀찮게 성경을 가지고 가?"

 미국의 교회 목사님들은 성경 말씀보다는 정치, 경제, 교육, 문화 등의 세상적인 말을 더 많이 하고, 또 성도들은 그런 말만 듣고 성찬만 행하면 다 구원받고 천국에 가는 줄로 알고 있으니 얼마나 속이 답답한 일인가? 거듭나기 전의 자매 모습도 물론 이들과 같았지만, 이제 은혜를 받고 나니 이들에게 하나님의 사랑을 전하고 이웃에게도 복음을 전해야겠다는 마음이 불길같이 일어났다.

그래서 마리아가 주의 발아래 앉아 말씀을 듣던 것처럼, 복 있는 사람이 여호와의 율법을 즐거워하여 그 율법을 주야로 묵상하는 것처럼, 그 자매님은 말씀을 즐거워하고 가까이 하게 되었다. 이것이 바로 거듭난 사람으로서의 증거인 것이다.

예화와 관련된 말씀

오직 여호와의 율법을 즐거워하여 그의 율법을 주야로 묵상하는도다(시 1:2).

14 낡은 껍질을 벗자

　제가 살고 있던 곳에 아들 하나를 둔 거지 부부가 살고 있었다. 매우 착하고 평화스러운 사람들이었다. 그런데 놀라운 것은 3대째 거지 생활을 하고 있다는 것이었다.

　그들이 거지 생활을 면해 보자는 생각을 조금이라도 가졌더라면 3대째 거지 생활을 하지는 않았을 것이다. 이 생활이 편안하다는 암시가 은연중에 있었기 때문에 3대째 계속 거지 생활을 하고 있었을 것이다.

　또 제가 항상 다니던 길목에 구두를 수선하는 할아버지 한 분이 계셨다. 그 분은 평생 다른 직업을 가져 보지도 않고 이 일만을 계속했다. 어느 곳에서든지 궤짝 하나만 차려 놓으면 그럭저럭 밥을 먹고사니까 별 불만 없이 그 일을 계속했던 것이다.

　그런데 6·25 후에 그 분의 친구 하나가 일자리가 없어 할아버지 옆에서 조수 일을 하게 되었다.

　그러나 기술도 없고 하니까 옆에서 보따리를 펴놓고 비누나 칫솔 같은 일용품을 팔게 되었다. 그러다 수지가 맞으니까 궤짝을 놓고 팔게 되었고 거기서 발전하여 구멍가게를 하다가 점점 더 커져서 지금은 큰 부자가 되었다고 한다. 그의 친구 이야기를 하면서 할아버지는 자기의 구두 궤짝이 고맙기도 하지만 이 궤짝이 없었으면 자기도 보따리 장사를 해서 친구와 같이 부자가 되었을지도 모른다는 생각을 하니 뭔가 손해를 본 느낌이 든다고 했다.

이 두 가지 이야기 속에서 우리는 중대한 교훈을 배울 수 있다. 신념과 의지와 노력으로 큰 일을 할 수 있었던 사람이, 신념과 의지와 노력의 몇 천 배의 더 크고 더 뜻 깊은 일을 신앙을 통해서 할 수 있었던 사람이 이 구두 궤짝이나 거지 생활과 같은 궤도를 일생 동안 돌다가 죽어 버린 경우가 얼마나 많은가? 우리들에게는 그런 구두 궤짝은 없는가? 거지 보따리는 없는가? 우리의 생각을 한번 깨야 하겠다. 우리의 궤도에서 벗어나야 하겠다.

 예화와 관련된 말씀

너희는 유혹의 욕심을 따라 썩어져 가는 구습을 좇는 옛 사람을 벗어버리고 오직 심령으로 새롭게 되어 하나님을 따라 의와 진리의 거룩함으로 지으심을 받은 새 사람을 입으라(엡 4:22~24).

15 | 조난당한 배의 선장이 할 일

 항해 중에 있는 배의 선장이 키잡이가 배를 곧바로 암초를 향해 항진시키고 있는 것을 발견하였다. 이 위험을 어떻게 피하겠는가? 갑판을 닦는다거나 사람들로 하여금 물을 퍼낼 준비를 시킴으로써 위험을 피할 수 있을까?

 그렇지 않다. 배를 구조하려면 배의 진로를 바꿀 수밖에 없다. 그래서 선장은 재빨리 명령을 내리고, 배는 방향을 돌려 위험을 모면하게 되는 것이다.
세례요한의 외침은 이와 같은 방법으로 사람들에게 죄라는 위험한 바위에서 방향을 돌려 안전한 항구로 나아가라고 요청하는 것이다.

 회개는 행동의 변화를 가져온다. 키를 돌릴 때 배 전체가 방향을 바꾸듯이 마음의 변화는 삶의 변화를 낳는다.
어떤 사람이 기차를 잘못 탔다. 그러나 그는 기차를 갈아탈 생각은 하지 않고 기차 안에서 착한 일을 시작했다.

 즉 기차 안을 청소하고 노약자를 도와주며, 배고픈 자에게 음식을 사 주는 등 많은 선행을 베풀었다. 기차 안의 승객들은 그의 선행을 칭찬했다. 그러나 종착역은 그가 목적했던 곳이 아닌 전혀 다른 곳이었다.

그는 목적지에 도착하기 위해서는 기차 안에서 선행을 베풀 것이 아니라 기차를 갈아탔어야 했다. 마찬가지로 회개는 방향 전환을 의미한다.

예화와 관련된 말씀

타락한 자들은 다시 새롭게 하여 회개하게 할 수 없나니 이는 그들이 하나님의 아들을 다시 십자가에 못 박아 드러내 놓고 욕되게 함이라(히 6:6).

16 | 새롭게 태어납니다

　가정 형편이 너무 어려웠던 나는 중학교를 중퇴하고 어느 가정으로 들어갔다. 그 댁의 가장은 의과대학 교수이면서 유명한 병원 원장이었고, 하나뿐인 아들도 의과대학생이었다. 사모님과 딸도 인정 많고 덕 있는 분들이어서 나는 남의 집살이 하는 것 같지 않게 살았다. 그 가족 모두가 너무도 고마워 나는 정성을 다해 그분들을 섬겼다.

　여러 해가 지나 스무 살이 된 어느 날, 뜻밖에도 그 댁 아들로부터 정식으로 청혼을 받게 되었다. 불가능한 일이라는 생각과 심한 충격으로 오히려 눈물을 흘리며 그 집을 떠날 궁리만 했다. 주인댁 부모님도 당연히 반대를 했고 집안 분위기는 어둡고 무거워졌다. 그러나 뜻을 굽히지 않는 아들에게 부모님의 승락이 내려졌다.

　그리고 그는 성의를 다하여 꾸준하게 그것이 불가능한 일이 아니라는 것을 내게 납득시켜 주었다. 부모님께서도 아들의 뜻이 잘못된 것이 아니라는 것을 나에게 알려 주셨고, 그의 뜻을 받아들이라고 권면하셨다. 며칠을 고민하는 나에게 아버님이 간곡하게 말씀하셨다.

"너를 아내로 택하고 너를 며느리로 맞이한 우리에게 갚고 싶은 것이 있다면 네가 의사인 남편의 아내답게 되는 것이고, 병원장의 며느리답게 되는 것이다. 최선을 다해 살면서 이 가문의 당당한 일원이 되거라."

나는 그 말씀을 듣고 크게 깨달았다. 가정부 처지에서 그댁의 며느리로 처지가 바뀐 것이다. 나를 선택한 남편과 받아 준 시부모님께 감사를 드리는 일은 이전에 내가 가정부로 일하던 때의 의식이나 태도를 버리는 것이었다. 그 아버님의 며느리답게 그 남편의 아내답게 당당하게 살아가는 것뿐임을 알았다.

그것은 뼈를 깎고 살을 저미는 아픔이 함께하는 과정이었으나, 오직 나에게 힘이 되었던 것은 모든 가족이 나를 인정해 주고 그 가문의 일원으로 받아 주신 것에 대한 감사였다.

예화와 관련된 말씀

영접하는 자 곧 그 이름을 믿는 자들에게는 하나님의 자녀가 되는 권세를 주셨으니(요 1:12).

17 | 피를 좋아하는 표범

아프리카에 한 마을이 있었다. 하루는 아이들이 숲속에서 표범 새끼를 잡아왔다.

"애들아, 너희들 그거 어디서 잡았니?"

"숲속에서 혼자 울고 있어서 데려왔어요."

"어미가 찾아오면 어떡하려고?"

"어미는 없는 것 같던데요?"

"애들아, 그래도 표범은 사람을 잡아먹으니까 빨리 내다 버려라."

"괜찮아요, 여태까지 계속 풀만 주는데도 잘 먹어요!"

"지금은 새끼니까 그렇지! 크면 너희들을 모두 잡아먹고 말거다!!"

어른들이 아무리 겁을 줘도 아이들은 신경 쓰지 않는 것 같았다. 하는 수 없이 일단은 두고 보기로 했다. 새끼 표범은 자라면서 풀만 먹었다. 시간이 조금 흐르자 표범은 금세 큰 표범이 되었다. 그러나 여전히 순했다. 아이들과 뛰기도 하고 같이 장난도 치면서 즐겁게 놀았다. 덩치만 컸지 고양이와 다름없었다. 풀만 먹고 자란 표범은 아이들의 좋은 친구가 되었고 정글에서도 다른 들짐승들로부터 지켜주는 든든한 보호자 역할까지 했다.

그러던 어느 날, 아이들은 전과 같이 표범과 함께 정글로 놀러갔다. 한참을 재미있게 놀다가 한 남자아이가 나무뿌리에 걸려 넘어지고 말았다. 너무 아픈 나머지 아이는 울기 시작했다. 표범이 제일 먼저 달려왔다. 앞서 가던 아이들도 다시 돌아오고 있었다. 표범은 안쓰럽다는 듯이 아이의 무릎에 있는 상처를 혀로 핥아 주기 시작했다.

그런데 점점 표범의 눈빛이 이상해졌다. 결국 그 표범은 아이들 모두를 덮쳐 잡아먹고 말았다. 표범이 아무리 고양이 같이 행동할지라도 표범은 표범인 것이다. 마찬가지로 우리가 한때는 아무리 착하고 순하게 보일지라도 우리의 본성 자체는 '죄인'이다. 그래서 예수님께서는 "너희는 거듭나야만 한다"(요 3:7)고 말씀하셨다.

예화와 관련된 말씀

구스인이 그의 피부를, 표범이 그의 반점을 변하게 할 수 있느냐 할 수 있을진대 악에 익숙한 너희도 선을 행할 수 있으리라 (렘 13:23).

18 | 중국 스파이

중국 문화혁명시대의 이야기이다. 미국에서 한 중국 스파이가 체포되었다. 그는 여러 해 동안 미국 정부기관에서 일하며 완전한 미국인 행세를 했다. 그 사람은 영어를 유창하게 구사하였다고 한다. 제스처는 전형적인 미국 사람의 제스처를 가지고 있었다고 한다.

그런데 그를 수상하게 여긴 정보요원이 그를 추적하는 과정에서 일종의 테스트를 해보았는데, 휘파람을 부르면서 미국 국가를 불러봤다. 반응이 없었다. 미국은 여러 나라에서 온 민족이 살고 있기 때문에 미국에 살고 있어도 내가 미국인이라고 느끼는 일이 많지 않다. 꼭 두 가지 경우에 미국에서 살고 있는 사람이 자기가 미국에 살고 있는 것을 느낀다고 한다.

첫 번째 경우에 미국에 살고 있는 사람이 자기가 미국에 살고 있는 것을 느낀다고 한다. 첫 번째 경우에는 미국에서 명절이 되면 휴일이 되고 TV에 풋볼을 보고 앉아 있는 것이다. 미식축구가 미국 사람들의 일종의 공통분모라고 할 수 있다. 축구 시합할 때 미국 국가를 부르는데 미국 국가를 부를 때서야 아 내가 미국인이지 하고 처음으로 느끼는 순간이라고 한다. 미국국가를 불러도 이 사람이 전혀 반응이 없어서 그 다음에 중국국가를 휘파람으로 불러보았다고 한다. 탁 쳐다보더니 그 다음에 계속 휘파람을 불고 있으니 발로 장단을 맞추었다. 이 사람이 틀림없이 스파이라는 확신을 정보요원이 갖게 되고 체포하게 된 계기가 되었다고 한다.

이 사람은 완전한 미국인을 가장했다.

그러나 이 사람이 혈관 속에서 중국인의 피가 흐르고 있었고, 중국인의 리듬이 계속 살아 있었던 것이다. 그가 미국인이 계속될 수 없었던 가장 중요한 이유, 단순한 이유가 있었다면 이 사람은 미국인으로 태어난 사실이 없었다. 우리가 크리스천이 되는 것도 마찬가지이다.

크리스천이 되는 것이 모방에 의해 되은 것처럼 생각하는 사람이 있다. 남이 교회 가니까 내가 교회 간다. 남이 찬송하니까 나도 한다. 그러나 그가 거듭난 경험이 없었다면 그는 아직 그리스도인이 아니다.

 예화와 관련된 말씀

> 또 여기 있다 저기 있다고도 못하리니 하나님의 나라는 너희 안에 있느니라(눅 17:21).

19 | 거듭난 아들의 삶

　어느 장로님 가정에 딸을 다섯이나 낳고 여섯 번째 외아들을 낳았다. 너무 기뻐 이 가정에 대 경사가 되었다. 이 외아들은 귀엽게 자랐다. 그러나 그는 부모와 누님의 사랑 속에 버릇없이 빗나간 생활을 하였다.

　온 마을의 골칫거리 아들이 되고 말았다. 이 외아들은 동네 마을에 못된 일을 저질러 온갖 손해를 입히고 아버지 장로님을 욕되게 할 뿐 아니라 교회도 욕을 먹게 하였다. 그러나 어찌할 대책이 없어 그들은 매일같이 눈물로 세월을 보내며 하나님께 기도하고 금식을 하였다. 어느 날 못된 아들이 술을 먹고 인사불성 상태로 집에 들어 왔을 때 부모님은 방에 엎드려 눈물로 뺨을 적시며 기도하느라고 눈이 통통 부어 있었다.

　이때 아들은 "무엇을 하느냐"고 발길로 차고 행패를 부렸다. 그러나 눈이 시뻘겋게 부어 있는 부모님의 모습을 보자 목석같던 아들이 숙연해지며 말을 못하고 주저앉았다. 날이 새자 술에서 깬 아들은 부모님 앞에 가서 다시는 이런 짓을 하지 않겠다며 용서를 빌었다.

이때 부모님은 "오냐, 그래야지." 하며 하나님께 감사 기도를 드리고 목사님을 청하여 가정 예배를 드렸다. 이때 이 아들은 마루에 나와 대들보에 무수한 못이 박혀 있는 것을 보고 저 못이 왜 저렇게 많이 박혔느냐고 물었다.

"그 못은 네가 못된 짓을 할 때마다 하나씩 박은 거란다."

"그러면 어떻게 하지요?" 하며 다시 눈을 감고 눈물을 흘린 아들은 "아버지, 내가 좋은 일을 하고 나서 저 못을 하나씩 뽑으면 되겠네요?" 하고 말했다.

그 후에 이 아들은 선행을 열심히 하여 못을 다 뽑았다. 그리고 나서 "아버지, 이제 못을 다 뽑았으니 됐지요?" 하는 것이었다. 그러나 아버지는 "못 자국은 그대로 있지 않느냐? 너는 저 못 자국을 보고 겸손히 주님의 사랑을 실천해야 된다."고 타일렀다.

예화와 관련된 말씀

내가 너희에게 이르노니 이와 같이 죄인 한 사람이 회개하면 하나님의 사자들 앞에 기쁨이 되느니라(눅 15:10).

20 솔개의 선택

솔개는 가장 장수하는 조류로 알려져 있다. 솔개는 최고 약 70세의 수명을 누릴 수 있는데 이렇게 장수하려면 약 40세가 되었을 때 매우 고통스럽고 중요한 결심을 해야만 한다.

솔개는 약 40세가 되면 발톱이 노화하여 사냥감을 그다지 효과적으로 잡아챌 수 없게 된다. 부리도 길게 자라고 구부러져 가슴에 닿을 정도가 되고, 깃털이 짙고 두껍게 자라 날개가 매우 무겁게 되어 하늘로 날아오르기가 나날이 힘들게 된다.

이즈음이 되면 솔개에게는 두 가지 선택이 있을 뿐이다. 그대로 죽을 날을 기다리든가 아니면 약 반년에 걸친 매우 고통스런 갱생 과정을 수행하는 것이다. 갱생의 길을 선택한 솔개는 먼저 산 정상 부근으로 높이 날아올라 그 곳에 둥지를 짓고 머물며 고통스런 수행을 시작한다.

먼저 부리로 바위를 쪼아 부리가 깨지고 빠지게 만든다. 그러면 서서히 새로운 부리가 돋아나는 것이다. 그런 후 새로 돋은 부리로 발톱을 하나하나 뽑아낸다. 그리고 새로 발톱이 돋아나면 이번에는 날개의 깃털을 하나하나 뽑아낸다. 이리하여 약 반년이 지나 새 깃털이 돋아난 솔개는 완전히 새로운 모습으로 변신하게 된다. 그리고 다시 힘차게 하늘로 날아올라 30년의 수명을 더 누리게 되는 것이다.

고통스러운 재탄생 과정을 생략하고는 밝은 내일을 기대할 수 없다. 도태하시겠는가? 비상하시겠는가? 선택은 당신의 몫이다.

 예화와 관련된 말씀

좋은 것으로 네 소원을 만족하게 하사 네 청춘을 독수리 같이 새롭게 하시는도다(시 103:5)

21 | 다시 태어난다면

　미국의 토니 캄폴로 박사는 95세 이상의 노인 50명을 대상으로 다음과 같은 내용의 설문조사를 했다.
　"만일 여러분들이 다시 태어난다면 어떻게 살겠습니까? 3가지만 기록해 주십시오" 설문조사를 한 결과 다음과 같은 대답이 나왔다. 가장 많이 나온 답변은 첫째, "날마다 반성하면서 살겠다."였다.
　그리고 그 다음이 "용기 있게 살겠다."였다. 그리고 마지막 세 번째로 많은 대답은 "죽은 후에도 남을 만한 일을 하겠다."였다.
　우리의 설문조사에 대한 답변을 보면 세상을 살면서 보람 있는 일은 아무 것도 하지 못한 것을 되돌아보는 아쉬움의 대답이었다.
　그러나 이들의 대답은 인생의 마지막을 바라보는 사람들에게 삶의 지혜를 깨닫게 해준다. 어쩌면 우리는 후회없는 미래를 위해 살아가고 있는지도 모른다.
　하지만 현재의 욕구는 지금의 나를 채우기에만 바쁘다. 진정 내 인생을 풍성하게 채우는 것은 다른 많은 사람들이 나를 기억해 줄 수 있는 이르 사랑을 나누는 일이 아닐는지 모르겠다.

에베소서 3장 18절의 말씀처럼 '능히 모든 성도와 함께 지식에 넘치는 그리스도의 사랑을 그리스도의 사랑으로 나누며 삶을 살아가야겠다.

예화와 관련된 말씀

그런즉 너희가 어떻게 행할지를 자세히 주의하여 지혜 없는 자 같이 하지 말고 오직 지혜 있는 자 같이 하여 세월을 아끼라 때가 악하니라(엡 5:15,16).

22 | 진정한 고백의 은혜

내 친구 가운데 청년사역에 헌신한 사람이 한 명 있었다. 그는 젊은이들에게 말씀을 선포하고, 죄를 자각시키고, 위로하고, 가르쳤다. 그의 사역은 날로 번창했다.

그런데 그가 한 자매와 은밀한 죄에 빠지게 되었고, 그녀는 임신했다. 두 사람은 당황했고 부끄러웠으며 비탄에 잠겼다. 그래서 둘은 공모하여 완벽한 계획을 짰다. 마침 그녀는 곧 해외로 취업을 나갈 예정이었기에, 거기서 아이를 낳아 입양 기관에 맡기면 다 끝날 것이었다. 그들은 하나님께 자신들의 죄를 고백했으며, 아무도 알지 못하도록 도피 수단을 마련해주신 하나님께 감사했다.

그러나 그게 그렇지 않았다. 내 친구는 젊은이들에게 순결과 고결함에 대해 권고할 때면 무화과 잎으로 가리고 수풀 뒤에 웅크리고 말씀을 전해야만 하는 심정이었다. 그들은 자기들의 계획이 단지 핑계와 은폐의 책략에 지나지 않았음을 절실히 깨달았다. 하나님께 고백하는 것만으로는 부족했던 것이다. 그래서 그들은 지체들에게 사실을 고백하고, 자기들이 저지른 행동의 대가를 감당하리라 마음먹었다.

그 결과로 형제는 사역의 현장에서 은퇴했으며 자매는 아이를 낳았고 두 사람은 결혼했다.

그러나 시간이 흐른 뒤 하나님은 그의 사역을 다시금 회복시켜 주셨다. 그는 지금 겸손과 능력으로 사역에 헌신하고 있다. 책임 있는 고백은 진정한 자유와 회복의 은혜를 가져오는 법이다. /「열렬함」, 마크 부캐넌

 예화와 관련된 말씀

그가 빛 가운데 계신 것 같이 우리도 빛 가운데 행하면 우리가 서로 사귐이 있고 그 아들 예수의 피가 우리를 모든 죄에서 깨끗하게 하실 것이요(요일 1:7).

23 | 가장 양심적인 돈?

한국 교회의 초기 역사에 이름도 없이, 빛도 없이 수고한 많은 한국인이 있다. 하디 선교사는 1904년 그의 선교보고서 맨 마지막 부분에 아름다운 전도자 한 사람의 생애를 기록하고 있다. 이 사람은 남감리교 리드 선교사가 한국에서 선교를 시작하였을 때 처음부터 동참한 사람으로 이름은 윤선근이다.

그는 원래 학식이 없는 사람이었지만 교회에 다니면서 한글을 깨우치기 시작했다. 또한 그는 기독교 진리를 열심히 배웠을 뿐만 아니라 그대로 살려고 노력했다. 그는 죽기 전 3년 동안 죄에 대해서 배웠고 죄에서 어떻게 해방되는지를 알게 되었다.

그는 하디 선교사의 부흥회 도중 처음으로 공개석상에서 자신의 죄를 고백했다. 아무도 이 사람의 행동을 의심하는 사람은 없었지만 성령의 인도하심에 따라 자신의 죄를 분명하게 고백했다.

그는 어떤 선교사 밑에서 조력자로 일할 때 약간의 돈을 훔친 적이 있었는데 이것을 고백하고 돌려주었다.

죽기 바로 직전 윤선근은 하디에게 "하나님께서 과거의 모든 죄를 생각나게 하사 하나도 남김없이 회개할 수 있도록 해달라고 기도했다."고 말했다.

그러면서 20년 전 그가 아직 기독교를 알지 못했을 때 조폐국에서 일하고 있었는데 사무착오로 약 4달러를 더 받았다고 고백했다. 물론 그는 이것을 알고 있었지만 그냥 가졌다고 한다. 하지만 성령의 도움으로 이것이 죄라는 것을 깨달은 그는 하디에게 그 돈을 정부에 돌려주라고 요청하고 세상을 떠났다. 하디는 윤선근의 부탁대로 그 돈을 돌려주고 영수증을 받았고 그 영수증을 잘 보관했다. 하디는 그 돈이야말로 한국정부에 들어간 돈 가운데서 가장 양심적인 돈일 것이라고 기록했다.

하디 선교사는 윤선근의 아름다운 신앙행적을 기록해 후대에 남겼다. 우리의 교회사를 보석처럼 빛나게 하는 것은 바로 이 같은 성도들의 아름다운 신앙의 삶이다.

예화와 관련된 말씀

하나님이여 내 속에 정한 마음을 창조하시고 내 안에 정직한 영을 새롭게 하소서(시 51:10).

24 | 개과천선

　주처(周處)라는 깡패, 뒷산의 호랑이, 마을 앞 강가에 교룡(蛟龍)은 이 마을 사람들을 모두 못살게 굴었다. 그래서 마을 사람들은 이들을 '악당 세 놈'이라고 불렀다. 어느 날, 지혜로운 마을 사람 하나가 주처에게 호랑이를 죽이라고 설득했다. 이 말에 주처는 흔쾌히 호랑이를 죽이러 뒷산으로 갔다.

　"둘 중에 하나는 죽겠지? 주처가 죽었으면 좋으련만…"

　마을 사람들은 주처가 죽기를 바랐다. 그런데 주처는 호랑이를 찔러 죽이고 의기도 양양하게 마을로 돌아왔다. 마을 사람들의 꾀에 주처는 강에 들어가 교룡과 격투를 했다. 막상막하, 불꽃 튀는 싸움이었다. 한참을 싸우던 교룡은 떴다 가라앉았다 하면서 수십 리를 떠내려갔는데, 주처도 그놈을 꽉 붙잡고 같이 떠내려갔다.

　"두 놈이 모두 죽은 것이 틀림없다!"

　누군가가 이렇게 말하자, 마을 사람들은 "와!" 하고 환호성을 지르며 함께 축하했다. 그러나 주처가 죽은 것은 아니었다. 교룡을 죽이고 강에서 살아나온 주처는 걸음을 재촉하여 마을로 돌아오고 있었다.

"엉? 사람들이 왜 저렇게 즐거워하지?"

주처는 고개를 갸우뚱거리며 사람들 곁으로 갔다. 그러자 순식간에 사람들의 안색이 크게 변했다. 그렇게 즐겁던 표정은 온데간데없고 불안한 기색만이 가득했다.

주처는 비로소 마을 사람들이 자신을 걱정거리로 여긴다는 사실을 알게 되었다. 심하게 부끄러움을 느낀 주처는 그 길로 마을을 떠났다.

어느 곳에 이르러 모두가 존경하는 현인을 만나게 되었다. 주처는 참회의 눈물을 흘렸다.

"옛 사람들은 '아침에 도를 깨우치면 저녁에 죽어도 만족한다.'고 했는데, 당신은 아직도 젊으오. 또 사람들은 뜻을 세우지 못함을 걱정하오. 그런데 어찌하여 당신은 이름이 빛나지 않을 것을 슬퍼하오?"

드디어 주처는 개과천선하여 좋은 사람이 되었다.

 예화와 관련된 말씀

믿음의 주요 또 온전하게 하시는 이인 예수를 바라보자 그는 그 앞에 있는 기쁨을 위하여 십자가를 참으사 부끄러움을 개의치 아니하시더니 하나님 보좌 우편에 앉으셨느니라(히 12:2).

25 | 노벨상 후보 고찬익 장로

고찬익은 벙어리였는데 빚 독촉에 시달려 독약을 먹고 자살을 하려 하였다. 그러나 구사일생으로 살아나 선교사 게일로부터 전도지 한 장을 받았다.

그날 밤에 그는 꿈에 "네 이름이 무엇이냐?"라고 묻는 음성을 들었다. 그는 말도 못하고 끙끙거렸다. 그런데 다시금 "네 이름이 무엇이냐?"는 소리가 들렸다. 그는 너무나 떨리고 무서워서 울면서 대답하였다.

"내 이름은 고가고, 싸움꾼이고, 술꾼이고, 망나니올시다. 누구신지 모르지만 저를 용서하여 주시지요?"

이때 흰 옷을 입은 사람이 나타나서 그의 몸을 때리면서 "이제부터 너는 내 아들이다." 라고 말하고는 사라졌다. 그는 꿈이 하도 이상하여 전도지를 읽고 또 읽었다. 그런데 갑자기 혀가 완전히 풀리고 말이 나오기 시작하였다.

그 뒤에 고찬익은 게일로부터 하나님의 놀라운 사랑에 대해 들었다. 집으로 돌아오는 길에 그는 수없이 "제 이름은 고가요, 이제는 당신의 아들입니다." 라고 중얼거렸다. 그는 본래 조선사회의 가장 비천한 천민으로 이름이 없었다. 찬익(燦益)은 게일이 남에게 유익이 되는 삶을 살라는 뜻으로 지어준 이름이었다.

새 사람이 된 그는 자신이 과거에 해를 끼치거나 신세를 졌던 사람들을 찾아가서 회개를 통한 전도를 하였다.

"나는 도적놈에다 싸움꾼, 사기꾼이었습니다. 이제는 새 사람이 되었습니다. 제가 만든 신발을 드리겠습니다."

후에, 그는 게일의 조사가 되었고, 1904년에는 연동교회의 장로가 되었다. 게일은 만일 자기에게 노벨상을 추천할 수 있는 권한이 있다면 고찬익 장로를 추천한다고 했다.

 예화와 관련된 말씀

여호와는 나의 빛이요 나의 구원이시니 내가 누구를 두려워하리요 여호와는 내 생명의 능력이시니 내가 누구를 무서워하리요(시 27:1).

02
죄를 사하시며

만일 우리가 우리 죄를 자백하면 그는 미쁘시고 의로우사 우리 죄를 사하시며 우리를 모든 불의에서 깨끗하게 하실 것이요(요일 1:9).

01 도둑과 성경

　일본에서 있었던 일이었다. 어느 여자 신학교에 도둑이 들어 왔다. 도둑은 기숙사로 달려갔다. 그래서 장롱을 뒤졌다. 학생들의 옷가지와 돈을 훔쳤다. 도둑은 한 학생의 호주머니에 들어 있던 성경책까지 빼냈다.

　도둑은 훔쳐 온 물건들은 시장에 내다 팔았다. 그러나 성경책은 돈이 될 만한 물건이 못 되어 집안 아무 곳에나 팽개쳐 두었다.

　어느 날, 도둑은 무심코 성경책을 펼쳐 읽게 되었는데, 에베소서 4:28의 말씀을 읽었다.

　"도적질하는 자는 다시 도적질하지 말고 돌이켜 빈궁한 자에게 구제할 것이 있기 위하여 제 손으로 수고하여 선한 일을 하라"

　이 말씀을 읽던 도둑은 눈이 번쩍 뜨이고 가슴이 뜨거워졌다. 도둑은 이 말씀을 하나님께서 자기에게 하시는 말씀으로 알게 되었다. 그는 양심의 찔림을 받아 뉘우쳤다. 그리고는 예수님을 믿고 근처에 있는 성경학교에 입학했다. 새 사람이 되어 남보다 더 공부를 열심히 했다.

3년 만에 성경학교를 졸업한 그는 고향인 북해도로 내려가 농부가 되었다. 어진 아내를 얻어 결혼을 하고 부지런히 농사를 지어 살면서 가난한 사람들을 도와주었다.

　어느 날, 그의 아내는 책상 서랍을 정리하다가 깜짝 놀랐다. 자기가 성경학교에 다닐 때 잊어버린 성경책을 여기에서 발견한 것이다. 책 겉장 안에는 아직도 자기의 이름이 선명히 쓰여 있었다.

"이게 어찌된 일이예요?"

　아내는 남편에게 물어 보았다. 남편은 고개를 숙이고 바른대로 이야기 했다.

　바로 그 책은 여러 해 전, 아내가 다니던 성경학교 기숙사에서 훔쳐온 것이었다. 그의 말을 들은 아내는 눈물을 흘렸다. 아내와 남편은 한데 부둥켜안고 엉엉 울었다.

 예화와 관련된 말씀

> 너희는 이 세대를 본받지 말고 오직 마음을 새롭게 함으로 변화를 받아 하나님의 선하시고 기뻐하시고 온전하신 뜻이 무엇인지 분별하도록 하라(롬 12:2).

02 | 도둑질한 영광

내가 전도사로 있었을 당시, 선명회의 총재였던 스탠 무니햄 박사가 한국에 방문하여 부산 구덕체육관에서 집회를 열게 되었다. 나는 그 집회의 통역을 맡게 되어 생애 처음으로 많은 사람들 앞에 서게 되었다. 나는 떨리고 두려운 마음으로 주님의 도우심을 구하면서 열심히 통역했다. 그날 밤 집회는 성령의 놀라운 은혜 가운데 진행되었고 많은 사람들이 회개하고 주님께 돌아오는 역사가 일어났다.

집회가 끝난 후 숙소로 돌아왔을 때 부산 시내의 많은 목사님들과 장로님들이 찾아왔다. 그분들은 한결같이 매우 은혜로운 집회였다고 말했다. 그리고 나에게는 세상에 이렇게 통역 잘하고 목소리와 외모까지 좋은 사람은 처음 본다며 입에 침이 마르도록 칭찬을 해주셨다. 나는 정말 기분이 좋아 '드디어 내가 한국 교회에서 떠오르는 샛별이 되는 구나' 하며 자아도취에 빠졌다. 기분이 어찌나 좋은지 그날 밤, 잠조차 이룰 수 없었다.

그 다음날 저녁 집회 때 또 다시 통역을 하기 위해 강단에 올라갔는데 어처구니없게도 집회가 시작된 지 5분쯤 지나자

목이 완전히 잠겨 버렸다. 통역이고 뭐고 목소리 자체가 나오지 않았다. 소리를 내 보려고 안간힘을 쓰다가 결국 포기하고는 다른 목사님께 통역을 부탁해야만 했다. 나는 참담한 심정으로 집회가 끝나기도 전에 택시를 타고 숙소로 돌아왔다. 그런데 밤 12시가 지나자 갑자기 내 마음에서 조용한 주님의 목소리가 들려왔다.

"그 목소리가 네 목소리냐? 통역하는 능력이 네 것이냐? 내가 준 선물, 내가 준 은사, 내가 준 목소리, 내가 준 능력을 가지고 하면서 왜 네가 영광을 가로채려고 하느냐?"

그 즉시 저는 바로 침대에서 내려와 무릎을 꿇고 기도했다. 그리고 주님의 영광을 도둑질하려 한 것을 회개했다.

—이동원 목사, 〈지구촌교회〉

예화와 관련된 말씀

여호와여 영광을 우리에게 돌리지 마옵소서 우리에게 돌리지 마옵소서 오직 주는 인자하시고 진실하시므로 주의 이름에만 영광을 돌리소서(시 115:1).

03 | 도스토예프스키의 삶

 도스토예프스키는 28세 되던 해에, 사형선고를 받고 형장으로 끌려 나가게 되었다. 영하 50도가 되는 몹시 추운 날, 기둥에 묶여서 총살을 당하게 되었다.

 그는 땅 위에서 살아 있을 시간을 계산해 보니, 꼭 5분이 남아 있었다. '이제 5분밖에 남지 않은 생명을 어떻게 사용할까' 하고 생각했다. 그래서 아는 사람들에게 최후의 인사를 한 마디씩 하는데 2분, 오늘까지 살아온 생활과 생각을 정리하는데 2분, 그리고 발을 붙이고 살던 땅과 자연을 돌아보는데 나머지 1분을 쓰기로 했다.

 그가 옆에 서 있는 사람들에게 인사를 하고 남은 가족을 잠깐 생각하고 나니 2분이 후딱 지나갔다.

 이제, 자기 자신에 대하여 생각하니, 3분 후에 자기는 어디로 가는가 하는 생각에, 그만 눈앞이 아찔했다. 28년간, 세월을 한 순간 한 순간 아껴 쓰지 못한 것이 후회가 되었다.

 이제, 다시 한 번 살 수 있는 기회가 주어진다면 시간을 아주 뜻있게 사용하리라는 생각을 가졌다. 그 순간에 총알을 장전하는 소리가 '철컥' 하고 났다. 그는 그 소리와 함께 견딜 수 없는 죽음의 공포에 사로잡혔다.

　바로 그때, 장내가 떠들썩하더니 소란이 일어났다. 멀리서 병사 하나가 흰 손수건을 흔들면서 이쪽으로 달려오고 있었다. 병사는 황제의 특사령을 가지고 왔던 것이다. 그는 거기에서 풀려나, 시베리아로 가서 4년 동안 유배 생활을 했다. 그리고 그 후에, 남은 생애 동안 기독교와 관련된 작품을 쓰며 값있는 인생을 살려고 노력했다.

 예화와 관련된 말씀

인생들아 어느 때까지 나의 영광을 바꾸어 욕되게 하며 헛된 일을 좋아하고 거짓을 구하려는가 (셀라)(시 4:2).

너희는 인생을 의지하지 말라 그의 호흡은 코에 있나니 셈할 가치가 어디 있느냐(사 2:22).

04 | 딸을 기다린 어머니

　영국 스코틀랜드의 교회에서 예배를 드리던 중이었다. 한 여자가 큰 소리로 울면서 회개하는 것이었다. 그 여자는 산골짜기에서 어렵게 살았다. 그런데 가난한 생활이 싫어서 그만 집을 나왔다.

　도시로 나온 그 여자는 쉽게 일자리를 구하지 못하자 나쁜 길로 빠졌다. 사람들이 손가락질 하는 못된 짓을 하며 살았다. 이렇게 살아온 그 여자가 예배에 참석했다가 설교를 들었다. 설교에 감동을 받고, 자기의 잘못을 뉘우치게 된 것이다.

　"어머니께 용서를 빌러 가야지."

　하나님께 회개한 다음 그 여자는 자기가 살던 집을 9년 만에 찾아갔다.

　깜깜한 밤, 산길을 걸어 집에 다다랐다. 방안에서 불빛이 새어 나오고 있었다. 대문이 열려 있었다.

　"어머니 혼자 계실텐데 왜 대문이 열렸지?"

　그 여자는 궁금해 하면서 집으로 들어갔다.

　"어머니"

"누구요? 아니, 이게 누구냐? 내 딸이 아니냐!"
늙으신 어머니가 급히 뛰어 나오셨다.
"어머니, 저를 용서해 주셔요."
그 여자는 땅바닥에 무릎을 꿇고 울었다. 어머니는 딸의 볼을 어루만져 주셨다.
"네가, 집을 나간 다음, 언제나 들어오라고 문을 열어놓았었지, 너를 기다린 보람이 있구나. 잘 왔다!"
어머니는 집을 나간 딸을 미워하지 않고, 이제나저제나 딸이 올 때를 기다리며 사신 것이었다.

예화와 관련된 말씀

이 내 아들은 죽었다가 다시 살아났으며 내가 잃었다가 다시 얻었노라 하니 그들이 즐거워하더라(눅 15:24).

05 | 어머니의 유언

어떤 목사의 간증이다. 그는 젊은 시절 몹시도 방탕한 아들로 경건한 어머니를 괴롭혔다. 아주 힘겹게 일해서 겨우 아들을 공부시킨 어머니에게 말할 수 없이 불순종하고 불효하는 아들이었다.

하루도 쉬지 않고 새벽 기도회에 나가 아들을 위해 기도하는 어머니 앞에서 음주도 서슴지 않고 하나님이 어디에 계시냐고 따졌다. 그리고 제멋대로 방탕하게 살았다.

그러다가 병으로 눕게 된 어머니의 임종을 맞게 되었다. 그 전날까지 밤늦도록 술에 취해 있던 아들은 정신이 바짝 났다. 이제 어머니는 마지막 숨을 거두며 아들의 손을 잡았다. 겨우 들릴락 말락 한 힘없는 목소리로 어머니는 한 마디를 남기고 숨을 거두었다.

"하나님은 너를 사랑하신단다."

아들은 어머니의 죽음을 보며 오열을 터뜨렸다. 그는 어머니의 마지막 유언을 잊을 수가 없었다. 그래서 성경을 읽었다. 어머님이 늘 곁에 두고 읽으시던 낡은 성경이었다.

식음을 전폐하다시피 며칠을 성경과 씨름하던 그는 말씀

을 깨닫기 시작했다. 어머님이 붉은 줄로 그어 놓은 성경 구절구절이 그의 마음을 두드렸고 그 말씀에 따라 예수님을 영접했다. 그는 계속해서 회개의 눈물을 흘리며 기도하고 성경 읽다가 어머니의 유언을 온 세상 사람들에게 전하기로 마음을 먹었다.

그 뒤 그는 신학과정을 마치고 목사가 되어 기회 있는 대로 가는 곳마다 메시지를 전했다. 이제 그 목사는 머리가 하얗게 된 노인이 되었지만 하나님의 사랑을 전하는 그의 음성은 강한 능력으로 사람들의 심령을 흔들어 놓았다.

 예화와 관련된 말씀

소망이 우리를 부끄럽게 하지 아니함은 우리에게 주신 성령으로 말미암아 하나님의 사랑이 우리 마음에 부은 바 됨이니(롬 5:5).

06 회개로 시작되다

영국 웨일즈의 위대한 부흥은 한 작은 교회의 부인의 회개를 통해서 일어났다. 어느 날 이 부인이 주기도문을 하다가 그것을 끝낼 수가 없었다.

"우리가 우리에게 죄지은 자를 사하여 준 것같이…"

이 대목에 이르러 더 계속할 수가 없었던 것이다. 그녀가 미워하고 있는 한 형제의 얼굴이 떠올랐기 때문이었다. 그녀는 바로 기도를 중단했다. 그리고 부질없는 봉사를 중단했다. 또한 그녀는 예배를 중단했다.

그리고 그녀는 나갔다.

오랫동안 찾아보지 않았던 형제를 만나러 간 것이다. 그리고 그분의 잘못을 지적한 것이 아니라 자기의 죄를 고백하며 회개하였다. 우리의 갈등은 당신의 책임이라고 말한 것이 아니라 나의 책임이라고 그 여자는 자백하기 시작했던 것이다.

"그리스도 안에서 하나님 사랑으로 형제를 사랑하지 못했던 내 죄를 회개합니다."

그때 하나님은 이 두 사람을 묶었다. 이 일로 인해 그 교회

속에는 부흥의 물결이 일어났다. 그것은 웨일즈라는 도시에 부흥을 가져오는 하나님의 위대한 부흥의 불길로 타올랐다.

한 사람의 회개가 개인과 교회와 그리고 도시에 부흥의 불씨가 된 것이다.

예화와 관련된 말씀

우리가 우리에게 죄 지은 자를 사하여 준 것 같이 우리 죄를 사하여 주시옵고(마 6:12).

만일 우리가 우리 죄를 자백하면 그는 미쁘시고 의로우사 우리 죄를 사하시며 우리를 모든 불의에서 깨끗하게 하실 것이요(요일 1:9).

07 | 인생의 의미

그리스도인이자 작가였던 아서 고든(Arthur Gordon)이 어느 날 갑자기 우울증에 빠져 그는 더 이상 글을 쓰지 못할 지경에까지 이르렀다. 그는 자살을 생각하기도 했다. 그러다가 의사인 친구를 찾아가 모두 털어놓았다.

"나는 더 이상 살고 싶지 않네."

"자네가 어렸을 때 가장 좋아했던 일은 무엇이었나?"

"좋아했던 것은 해변에서 파도 소리를 듣는 일이었지."

의사인 친구는 시간마다 다른 처방전을 네 장의 종이에 써 주었다. 친구의 말대로 아침 아홉 시에 첫 번째 처방전을 펴 보았다. "자네가 좋아하는 파도 소리, 갈매기 소리를 잘 들어보게."

바닷가에 앉아 어린 시절 듣던 파도 소리와 갈매기 소리에 귀를 기울였다. 조금 후 두 번째 처방전을 펼쳤.

"이제 자네가 어렸을 때부터 지금까지 살면서 참 행복했다고 기억되는 순간들을 생각해 보게."

그는 조금씩 기쁨이 생겼다. 시간이 더 지나 세 번째 처방전을 펴 보았다. "자네 인생의 동기와 의미를 다시 한 번 검

토해 보게." 그는 자신이 왜 글을 쓰는지 생각해 보았다. 깊이 생각해 보니 글을 쓰는 이유가 사람들에게 박수갈채를 받기 위한 것이었음을 알게 되었다. 생각이 여기까지 미치자 갑자기 마음에서 '나는 그리스도인이면서도 하나님의 영광을 위해 살지 않고 의미 없고 헛된 내 이름을 위해서 살았구나'라는 깨달음이 왔다. 저녁 여섯 시, 친구가 준 마지막 처방전을 폈다.

"이제 자네의 죄를 하나님께 자백할 시간이네. 자네가 자백해야 할 죄들을 모래사장에 써보게."

고든은 눈물을 흘리면서 모래사장에 써 내려가기 시작했다. 그런데 그가 자신의 수많은 죄들을 다 쓰기도 전에 갑자기 바다의 파도가 들어와 그가 써놓은 그의 죄들을 한꺼번에 다 지워버리는 것이다. 그 순간은 그의 인생에 전환점이 된 시간이었다.

 예화와 관련된 말씀

만일 우리가 우리 죄를 자백하면 그는 미쁘시고 의로우사 우리 죄를 사하시며 우리를 모든 불의에서 깨끗하게 하실 것이요(요일 1:9).

08 | 죄를 고백한 찬성

　복음이 전해지는 곳에서는 항상 아름다운 이야기가 만들어진다. 북장로교 선교사 블레어는 한국 교회의 아름다운 이야기를 '찬성의 고백'이라는 제목으로 미국에 소개하였다. 이야기의 주인공은 한찬성이다. 그는 양반가문에서 태어나 한학을 배웠다. 그에게는 춘화라는 아름답고 영리한 아내가 있었는데 한 가지 흠이 있다면 무당굿을 좋아하는 것이었다.

　아내가 계속 무당굿을 보러 다니자 찬성은 홧김에 아내를 때렸고 아내는 쓰러져 기절하고 말았다. 아내가 죽었다고 생각한 그는 고향을 등지고 멀리 도망가서 양씨의 집에 양자로 들어가서 양찬성으로 행세하였다.

　얼마 후 찬성은 시골 관청에서 일하게 되었는데 이곳에서 한 그리스도인이 조상에게 제사를 드리는 서원에 헌금을 내지 않는다는 이유로 곤장을 맞고 죽는 것을 목격하였다.

　얼마 후 그가 섬기던 관리가 평양감사가 되었고 양찬성도 그를 따라서 평양에 오게 되었다. 러일 전쟁이 막 일어나려고 할 때였고 사람들은 교회에 몰려들게 되었다. 양찬성도 기독교인이 되기로 작정하고 관직을 사임했다. 양찬성은 선교사의 한글교사로서 일하면서 장대현교회에 출석하였다.

1907년 1월에 장대현교회에서 대부흥운동이 일어났다. 이 집회의 가장 큰 특징은 죄의 고백이었다.

이것을 보면서 찬성은 성령께서 자신의 죄를 자백하라는 성령의 강권하심을 느꼈다. 그는 수치를 무릅쓰고 아내를 죽인 살인자라는 것을 고백하였다.

바로 그 자리에서 이것을 듣고 놀란 사람이 있었는데 바로 아내였다. 죽은 줄 알았던 아내도 예수를 믿고 장대현교회를 다니고 있었던 것이다. 아내는 남편이 진정으로 회개하는 것을 보았다. 이 두 사람은 다시 가정을 이루게 되었다. 회개의 능력은 위대한 것이다.

예화와 관련된 말씀

이르시되 때가 찼고 하나님의 나라가 가까이 왔으니 회개하고 복음을 믿으라 하시더라(막 1:15).

09 진정한 깨달음

어느 날 토레이 목사님에게 어떤 부인이 찾아와서 상담을 하였다.

"목사님, 저는 집회에 많이 참석하고 기도도 많이 하는데 하나님의 은혜가 실감나지 않습니다. 구원받았다는 사실도 실감나지 않는데 왜 그럴까요?"

이 말을 듣고 있던 토레이 목사님은 고민하는 이 부인에게 기도하는 법을 가르쳐 주었다.

"부인, 오늘부터 집에 가서 다른 기도는 하지 말고 이 한 가지 기도만 계속하십시오. 하나님께 부인 자신의 모습을 보여 달라고 한 주간만 계속 기도하십시오."

그래서 목사님의 충고에 따라 이 부인은 집에 돌아가 이 기도만을 계속해서 했다.

"하나님, 제 자신의 모습을 보여 주십시오. 내가 하나님 앞에서 어떤 사람인가를 보여 주십시오."

이 기도를 계속 하던 그녀는 마침내 자신의 모습을 깨닫기 시작했다. 하나님 앞에서 추하고 불결하고 머리부터 발끝까지 더러운 자신의 모습을 발견했다. 마침내 부인은 자기의 죄악을 보며 절망한 채 일주일 만에 토레이 목사님을 다시 찾아왔다.

"목사님, 이제는 죽어버리고 싶습니다." 라고 고백하는 그녀에게 토레이 목사님은 "이제부터는 주님의 십자가를 보여 달라고 기도하십시오." 라고 말했다.

이 부인은 집에 다시 돌아가 두 번째의 기도를 시작했다.

"주님, 주님께서 지신 십자가를 보여 주십시오."

그때 이 부인은 십자가의 의미를 진정으로 깨닫기 시작했다. 내 자신이 나의 죄 문제를 해결할 수 없다고 완전히 포기하고 절망을 선언했을 때, 하나님이 나를 사랑하셔서 독생자 예수 그리스도를 보내셨고 그 분을 통해 십자가에서 피 흘려 돌아가심으로써 나의 죄에 대한 대가를 치르셨으며 그로 인해 깨끗하게 용서받았다는 사실을 깨닫게 된 것이다.

예화와 관련된 말씀

> 우리가 아직 죄인 되었을 때에 그리스도께서 우리를 위하여 죽으심으로 하나님께서 우리에 대한 자기의 사랑을 확증하셨느니라(롬 5:8).

10 진정한 회개의 모델, 하디 선교사?

1907년 한국의 대부흥 운동은 1903년 원산에서 일어난 부흥운동에서 출발했다. 이 원산부흥운동의 주역은 남감리교 선교사인 하디였다. 그는 원래 캐나다 출신의 의료선교사로 1892년부터 함남 원산에 와서 의술을 베풀며 복음을 전했다.

하디는 한국 교인들에게서 진정한 회개의 열매를 보기 원했다. 하지만 그는 '분명하고, 지속적인 회개의 구체적인 예'를 보지 못했다. 하디는 이 모든 원인이 성령의 결핍이라고 생각했다. 모든 악한 세력이 자신을 넘어뜨리려고 궤계를 부리는데 자신은 그것을 이길 힘이 없었다. 그는 여러 해 동안 성령의 능력을 간구했다.

1903년 여름에 하디는 남감리교 여선교사 모임의 성경공부를 인도해달라는 부탁을 받았다.

하디가 성경공부를 준비하면서 자신이 성령의 능력을 체험하기 위해서는 먼저 자신이 회개해야 한다는 것을 깨달았다. 하디는 이렇게 고백했다.

"성령이 내게 오셨을 때 성령의 첫 번째 요구는 내 교인들 앞에서 내 과거의 실패와 그 원인을 자백하라는 것이었습니다. 이것은 매우 고통스럽고 수치스러운 경험이었습니다."

하디는 이 성령의 음성에 순종했다. 그는 수치와 체면 손상을 무릅쓰고 자신의 교만, 강퍅한 마음, 신앙 결핍, 그리고 이런 것들이 가져오는 수많은 죄악을 고백했다. 그러자 하디의 마음에는 놀라운 평화가 임했고 사역은 성령의 능력으로 충만했다. 이 사건 이후의 하디의 삶은 놀랍게 달라졌다. 더 이상 이전의 하디가 아니었다.

하디는 한국 교인들에게 진정한 회개의 모델을 제시한 것이다. 과거에 그는 회개에 대해서 설교했다.

하지만 그 실례를 보여주지 못했다. 이제 그는 회개의 설교와 더불어 회개의 실례를 제공한 것이다. 하디는 자신의 회개로 "사람들은 처음으로 죄의 자각과 회개가 실제적인 경험 가운데 무엇을 뜻하는지 알게 되었다."고 하였다.

예화와 관련된 말씀

어찌하여 형제의 눈 속에 있는 티는 보고 네 눈 속에 있는 들보는 깨닫지 못하느냐(마 7:3).

11 | 피할 수 없는 하나님

내가 수 년 전 어떤 한 교회에서 새생활 세미나를 인도했을 때 일이다. 그때 집을 가출한 한 자매가 나의 설교를 들었는데 여러 해 동안 자기 부모를 원망하며 멋대로 인생을 살았던 자매였다. 그 자매에게 인간 사이의 화목이 중요하다는 나의 설교는 그녀의 마음에 찔림을 주었다. 그 후 그녀는 하나님께 기도하려고 해도 기도가 나오지 않았고 자기의 죄악 된 생활을 회개할 용기도 없었다. 더욱이 집으로 돌아가 부모와 화목할 마음도 없었기 때문에 고민만 하다가 교회 출석을 중단하였다.

그래도 양심에 찔림 때문에 다른 교회로 출석을 하기 시작했는데 내가 또 그 교회에 나타나 우연하게도 똑같은 도덕적 자유라는 제목으로 설교를 했던 것이다. 제발 그 내용만은 설교하지 않기를 바랐던 그 자매는 그 설교를 듣고 더욱 괴로워져 다시 교회 출석을 중단하고 방황하기 시작했다.

그렇게 방황하던 중 그녀의 친구가 불광동 수양관에서 열리는 젊은이들을 위한 수양회에 초대하여 참석하게 되었다. 그런데 거기서 강사로 나를 또 만나게 된 것이다. 그 자매는 같은 설교를 들으며 마음에 찔림으로 번민하면서도 집회는 끝까지 참석했다. 그러나 수양회에 돌아와서도 끝까지 용기가 없어 문제를 해결하지 못하고 계속 낙심 중에 세월을 보냈다. 1년이 지난 후 우연히 친구의 권유로 자매는 새생활 세미나에 참석하게 되었는데 거기서 다시 나의 강의를 접하게 되었다. 제발 그 설교만은 안 하길 기대했지만 그녀는 또 한 번 그 말씀을 듣고는 결국 더 이상 하나님을 피할 수 없다는 결론에 도달하게 되었다.

마침내 그녀는 자기의 마음을 하나님 앞에 털어놓았다. 비 그리고 성령님께서 그 자매에게 집으로 돌아갈 수 있는 용기를 주셨다. 그녀는 오랜 세월 원망했던 부모를 찾아가 눈물로 용서를 빌었다. 그 후 그 집안이 모두 그리스도를 구주로 영접하는 놀라운 기적이 일어났다. 기쁨을 이기지 못한 자매가 나에게 전화로 그 기쁨을 알려주었을 때 저도 함께 울었다.

예화와 관련된 말씀

> 내 이름으로 일컫는 내 백성이 그들의 악한 길에서 떠나 스스로 낮추고 기도하여 내 얼굴을 찾으면 내가 하늘에서 듣고 그들의 죄를 사하고 그들의 땅을 고칠지라(대하7:14)

12 | 회개의 선물로 받은 복

주유소 지배인으로 일하고 있는 알 존슨이 20세 되던 해, 두 친구와 함께 캔사스의 한 은행을 털었다. 그런데 그날 밤, 두 친구는 교통사고로 목숨을 잃었고 또한 당시 사건을 목격한 은행원들의 잘못된 진술로 존슨은 범인으로 지목을 받지도 않게 되었다. 사건은 그대로 묻혀 버리고 세월이 흘렀다. 존슨도 이제는 자신이 범죄자인 것을 까맣게 잊어버렸다. 그리고 그는 크리스천인 아가씨와 결혼하여 행복한 나날을 보냈다.

그러던 어느 날, 그의 앞으로 '하나님의 구원 계획'이라는 제목의 작은 책자가 배달되었다. 평소 아내와 함께 교회에 출석은 했으나 구원의 확신이 없었던 그에게 이 책은 충격으로 다가왔다.

존슨은 책을 읽어내려 가면서 자신이 과거에 지었던 범죄를 다시금 깨닫고 깊이 뉘우쳤으며 '이제야말로 용서받을 때'인 것을 알게 되었다. 그날 이후 그는 새로워졌다. 그리하여 결국 자기의 죄지은 과거를 고백하기에 이르렀다.

이 사건을 영영 해결할 수 없을 줄 알았던 주 당국에서는 범죄자가 자수를 해온 데 대하여 깜짝 놀랐다. 그리고 신문마다 이 일을 대서특필로 보도했고 TV 뉴스에서도 '알 존슨'의 이름을 들을 수 있었다.

그러나 존슨은 이 모든 상황을 개의치 않았다. 그의 마음속에는 이제껏 맛볼 수 없었던 평안이 임하여 있었기 때문이었다. 구속되어 처벌을 받을 줄 알았던 그는 캔사스 주의 효력 정지 법령에 의해 석방되었고 단지 그가 훔쳤던 돈만 다시 갚으면 되었다. 지금 그는 세 아이의 아버지로, 한 여인의 남편으로, 그리고 하나님의 귀중한 아들로서 생활하고 있다. 이렇듯 회개에 따르는 것은 과거의 죄에 대한 형벌이 아니라 마음의 평안과 복이다.

예화와 관련된 말씀

그러므로 내가 스스로 거두어들이고 티끌과 재 가운데에서 회개하나이다(욥 42:6).

13 | 회개한 도둑

26살의 여자 목사 쿠퍼는 기독교 역사 시간에 한국 백성의 이야기를 들었다.

"여자들은 공부를 안 시키고 미신이 강해 무당굿, 택일, 점치는 것 등으로 점점 불행에 빠지며 굿을 하다가 사람을 죽이는 등 말할 수 없는 무지한 일들을 하고 있습니다."는 말에 크게 놀란 쿠퍼는 불쌍한 한국 사람들의 생명을 건져주고 쓸데없는 미신에 잡혀 밝은 날을 모르는 그들에게 그리스도의 복음을 전해 행복과 소망과 평화로운 참 삶을 주어야겠다는 각오를 갖고 한국에 왔다.

한국에 선교사로 온 쿠퍼는 사람에게 관심을 둔 '사랑'의 마음으로 시작한 전도 활동을 통해 한국 사람들의 삶을 참 삶의 생활로 개혁해 나갔다.

하루는 그녀의 집에 도둑이 들었다. 쿠퍼 목사는 무서워서 일어나지도 못하고 이불 속에서 기도만 드렸다.

"하나님 제 생명은 죽어도 좋습니다. 부디 저 도둑들을 회개시켜 유명한 목사가 되게 해 주십시오."

그 도둑은 귀한 보배를 들고 나갔으나 쿠퍼 목사는 억울한 마음이 없었다. 언제나 잊지 않고 "회개시켜 목사가 되게 하셔요."라고 기도만 드렸다.

하루는 성경 학교로 어떤 사람이 찾아 왔다. 언젠가 밤에 왔던 도둑이라는 그를 쿠퍼 목사는 반갑게 영접했다.

"목사가 되려면 어떻게 해야 합니까? 전날에 훔친 것은 목사가 되어 그 이상 갚아 드리겠습니다."라며 회개한 도둑을 쿠퍼 목사는 신학교에 입학시키고, 그 학비까지 대주었다. 쿠퍼 목사의 사랑이 열매 맺어 4년 후 그는 훌륭한 목사가 되었다.

예화와 관련된 말씀

하나님께로부터 난 자는 다 범죄하지 아니하는 줄을 우리가 아노라 하나님께로부터 나신 자가 그를 지키시매 악한 자가 그를 만지지도 못하느니라(요일 5:18).

14 | 세 사람의 진실한 회개

한 50년 전 아프리카 콩고의 웸바라는 마을에 주목할 만한 부흥이 일어났다. 한 마을 전체가 다 주님 앞으로 돌아오는 놀라운 변화의 역사가 일어난 것이다. 그런데 그것은 선교사들의 눈물겨운 사역의 결과가 아니고 성경공부 때문도 아니었다.

이 놀라운 부흥은 두 여인과 한 남자 성도의 진실한 회개 때문에 일어났다. 어느 날 저들이 모여 기도할 때 성령께서 역사하시기 시작했다. 모두가 뜨겁게 기도하는 가운데 두 여인의 마음에 성령께서 강력하게 역사했다.

그들은 성령께서 자기들의 삶을 조명함에 따라 회심을 했다. 그 중 한 여인은 이 교회에서 제일 많이 봉사하는 분이었다. 그 여인은 우리나라로 말하면 성미 한 자루를 갖다 쓴 것이 마음에 걸려 그것을 교회에 가지고 왔다.

"사실 이 쌀은 교회에서 쓰여져야 할 것인데 제가 갖다 썼습니다. 저를 용서해 주십시오." 라고 했다. 그랬더니 또 한 여인이 성도들 앞에 나서며 "저는 남의 집에서 일하는 사람입니다. 그런데 주인 집 계란 한 줄을 주인에게 말하지 않고 가져온 적이 있습니다. 그것을 회개합니다."라고 했다.

이어서 어떤 남자 한 분이 "저는 서점을 하고 있는 사장입니다. 오래 전에 선교사와 교제하면서 선교사의 집에 갔습니다. 돌아오면서 선교사에게 이야기하지 않고 성경 한 권을 그냥 가지고 나왔습니다. 그것을 다시 돌려드리며 회개하기 원합니다." 라고 했다.

이렇게 진실한 고백 때문에 웸바 마을에 놀라운 기적이 일어난 것이다. 이 광경이야말로 구원에 깊이 관여하시는 성령님의 주권적 역사였던 것이다.

예화와 관련된 말씀

가난한 자를 보살피는 자에게 복이 있음이여 재앙의 날에 여호와께서 그를 건지시리로다(시 41:1).

가난한 자를 불쌍히 여기는 것은 여호와께 꾸어 드리는 것이니 그의 선행을 그에게 갚아 주시리라(잠 19:17).

15 예수라고 하는 빛을 보고

 지난 날에는 술로 시작해서 술로 하루를 마치는 사람이었다. 이른 새벽 술집 문을 두드리면 밤늦게까지 술을 먹고 인사불성이 되어 거리를 헤매고 다녔다. 집에 돌아오면 집안 살림을 부수어 대는 것은 일과가 되다시피 했다. 장독대는 남아 날 수가 없었고 문짝이며 가재도구가 엉망진창이었다. 아내에게 주먹질하는 것은 상식에 속한 일이어서 아내를 때리거나 욕설을 해대지 않으면 밥맛을 잃을 정도였다. 자식들도 아버지가 술 먹고 나타나면 도망 다니느라 정신이 없고, 동네 사람들도 그 형님이 나타났을 때에 재빨리 피하지 않으면 무슨 봉변을 당하든지 당했다.

 그러던 어느 날, 그 형님이 사는 동네에 교회가 세워졌다. 그리고 그 형님도 교회에 장난삼아 다니게 되었다. 예배드리기 위해서 가는 게 아니라 술 주정을 하러 다녔다.

 그러나 그가 거짓말같이 새 사람이 되었다. 정말 어느 날 갑자기 사람이 달라진 것이다. 즐기는 것이 아니라 술에 빠져 살던 그가 술을 끊고 담배도 끊었다. 동네의 궂은 일은 그 형님이 도맡아 하게 되었다. 처음에는 그 형님이 전도에 방해꾼 역할을 했으나, 지금은 그 형님 때문에 교회가 크게 부흥하게 되었다.

그야말로, 그 형님은 그 동안 어둠 속에서 방황하고 있었으나 예수라고 하는 큰 빛을 보고 새 삶을 얻게 되었던 것이다. 예수가 아니었으면 그 형님은 많은 사람에게 피해와 고통만 안겨 주는 독종으로 지내다가 저주스러운 생애를 마감해야 했을 것이다.

그러나 천만다행(千萬多幸)이도 형님 사는 동네에 교회가 들어가 그가 예수를 믿게 되어 새 인생을 살게 된 것이다.

 예화와 관련된 말씀

술 취하지 말라 이는 방탕한 것이니 오직 성령으로 충만함을 받으라(엡 5:18).

16 | 죄가 기억나게 하심

어느 여 집사님은 교회에 나와서 신앙생활 하고 집사의 직분까지 받았으면서도 하나님께 예배도 잘 안 드리고 헌금시간에 십일조도 내기 아까웠다. 그렇지만 집사이기 때문에 사람들 눈이 있어서 십일조 함에 봉투가 꽂혀 있어야 함으로 그냥 조금씩 형식적으로 드렸다.

보너스가 나와도 십일조를 드리지 않았다. 그 돈으로 나가서 쇼핑하고 평소에 사고 싶었던 물건을 샀다. 그런데 속으로는 하나님께 죄를 짓는 건 아닌가 하는 죄책감이 들었지만 그냥 무시를 했다.

그런데 어느 날 갑자기 먹은 음식을 토하고 설사를 하고 잠을 잘 수없이 배가 아팠다. 그래서 병원에 가서 진찰을 했는데 환홍성 담낭염과 간농양이라는 결과가 나왔다. 빨리 수술을 해야 되는데 워낙에 허약체질이라 마취를 했다가 깨어나지 못할 수도 있어서 수술을 할 수 없는 상태였다.

그는 순간 하나님께 회개하고 기도해야 되겠다는 생각이 들었다. 그래서 하나님 앞에 한 번만 살려 주시면 하나님 잘 믿고 십일조도 절대로 떼어먹지 않겠다고 하나님께 기도를 했다. 그리고 수술을 받을 수 있을 만큼이라도 건강하게 해 달라고 하나님께 간구를 했다. 그는 21일 작정새벽기도를 드리면서 그동안 떼어먹은 십일조를 생각나는 대로 모두 드렸다.

그렇게 새벽기도를 드리는 동안 점점 통증이 사라지고 밥맛이 돌아와서 밥을 잘 먹고 잠도 잘 자게 됐다.

작정기도를 끝마치고 이 정도면 수술을 받을 수 있겠구나 하고서 병원에 갔는데 검사결과 병이 깨끗하게 나아서 수술할 필요가 없다는 것이다. 그래서 회개하고 새벽기도 함으로 간농양도 치료받았다고 간증하게 됐다. 그리고 이제는 열심히 예배출석 잘 하고 십일조, 감사헌금도 잘 하여 수많은 사람들에게 신앙의 모범과 본이 되었다.

예화와 관련된 말씀

보혜사 곧 아버지께서 내 이름으로 보내실 성령 그가 너희에게 모든 것을 가르치고 내가 너희에게 말한 모든 것을 생각나게 하리라(요 4:26).

17 | 회개한 노상강도

송도에서 부흥회를 하고 있을 때 조씨 성을 가진 사람이 교회에 나와 죄에 대한 설교를 듣고 큰 충격을 받았다. 그는 선교사에게 나와서 자신은 중형에 해당하는 죄를 지은 사람인데 자신 같은 죄인도 용서받을 수 있는지 물었다.

당시 이곳 선교사였던 콜리어는 조씨를 작은 방으로 안내하여 이야기를 들었다. 조씨는 자신이 노상강도이며 강도짓으로 생계를 유지했다고 고백했다. 콜리어 선교사는 그에게 성경구절을 읽어주며 함께 기도하였다.

기도가 끝나자 조씨는 관리에게 자신의 죄를 고백하였다.

"이제부터는 예수님을 구주로 믿기 때문에 강도짓을 하지 않겠습니다. 관리 어른 앞에서 다짐합니다."

이어서 말하기를, 자신의 죄는 사형에 해당될지도 모르지만 죄를 고백하는 것이 바로 하나님의 뜻이라고 덧붙였다.

관리는 그의 이야기를 듣자, 이 일을 어떻게 처리해야 할지 몰라 하였다. 왜냐하면 조씨가 자발적으로 죄를 고백했기 때문이었다. 그래서 관리는 관찰사에게 이 문제를 보고했고, 관찰사는 조선의 강도 가운데 누구도 자발적으로 자신의 죄를 고백하는 일이 없었으므로 이 사람을 용서해 주라고 명령했다. 그리고 이런 일을 가능하게 만든 것은 기독교이므로 사람들에게 죄인을 변화시켜 의롭게 만드는 종교인 기독교를 믿으라고 권하였다.

자신이 새로 믿게 된 종교에 대해서 너무 기쁘게 생각한 조씨는 자신의 경험을 사람들에게 전하기 시작했다. 그래서 그의 마을에는 많은 새 신자가 생기게 되고 이 마을에 정식으로 교회가 세워졌다.

 예화와 관련된 말씀

너희는 그 은혜에 의하여 믿음으로 말미암아 구원을 받았으니 이것은 너희에게서 난 것이 아니요 하나님의 선물이라(엡 2:8).

18 | 용서받을 기회

미국에서 서부를 개척할 당시에 텍사스에서 이런 일이 있었다. 텍사스에서는 하도 살인사건이 많이 일어나 아예 살인자는 반드시 사형에 처한다는 법을 제정해 놓았다.

어느 날 한 술집에서 젊은이들이 서로 어울려 술을 마시고 있었다. 한참 흥겨워진 술자리에서 갑자기 총성이 들렸다. 그 중에 한 젊은이가 옆에 앉은 친구를 권총으로 쏴 죽인 것이다. 그런데 놀라운 것은 총을 쏜 사람이 평소에 아주 선량한 사람으로 언제나 이웃들에게 칭찬을 많이 받던 젊은이였다.

살인을 한 젊은이가 사형에 처할 운명이 되자 그 젊은이를 아끼는 많은 사람들이 구명운동을 시작했다. 많은 지역 주민들의 간곡한 바람이 담긴 탄원서가 주지사에게 전해졌다. 탄원서를 읽은 주지사는 큰 감동을 받았다. 그래서 자신이 직접 그 청년을 만나 죄를 용서해 주겠다고 주민들에게 약속했다.

그런데 그 청년은 죄를 짓고 난 뒤 성격이 완전히 변해버렸다. 그는 자기의 삶을 자포자기 하여 비뚤어진 생각만 하고 나중에는 행동까지 난폭해졌다. 주지사가 사면장을 가지고 그를 면회하려고 했지만 그는 이를 거부했다. 여러 사람의 구명 운동 덕분에 죄를 용서받을 수 있는 큰 은혜를 그는 저버렸다. 결국 그는 사형으로 인생을 마칠 수밖에 없었다.

  사람들은 자신이 지은 죄 때문에 모두 하나님의 심판을 받게 될 것이다. 그러나 그들은 죄 때문만이 아니라 그를 용서하려고 이 땅에 오셔서 십자가를 지신 예수 그리스도를 거절했기 때문에 용서받을 기회를 잃고 결국은 멸망의 길로 갈 수밖에 없다.

예화와 관련된 말씀

너희가 아는 바와 같이 그가 그 후에 축복을 이어받으려고 눈물을 흘리며 구하되 버린 바가 되어 회개할 기회를 얻지 못하였느니라(히 12:17).

19 | 용서받아야 할 인간

어느 날 존 웨슬레는 사람들에게 용서에 관한 설교를 하였다. 설교가 끝난 후에 그 자리에서 설교를 듣고 있었던 아주 거칠고 난폭하기로 소문난 한 장군이 웨슬레 앞에 나와서 말했다.

"목사님, 그러나 나는 죽어도 나에게 총부리를 겨누는 사람들을 절대 용서할 수 없습니다."

이때 웨슬레는 그 장군에게 이런 유명한 말을 했다.

"장군님, 그렇다면 장군님은 앞으로 죽어도 죄를 짓지 마셔야 합니다."

또한 존 웨슬레가 길을 가다가 한 친구를 만났다. 웨슬레는 그 친구가 오랫동안 어떤 사람과 원수로 지내고 있었다는 사실을 알고 있었다. 웨슬레가 친구에게 물었다.

"아직도 그 사람을 미워하고 있는가?"

그러자 그는 "그럼!" 하고 당연하다는 듯 대답했다.

웨슬레가 이제 그만 그를 용서하고 화해하기를 권면했지만 그 친구는 죽어도 그렇게 할 수 없다고 말했다.

"그렇다면 좋네. 그럼 계속해서 그 사람을 미워하게. 하지만 자네가 알아두어야 할 것이 있네. 앞으로 자네는 절대로 다른 사람에게 미움 받을 짓을 해서는 안 되네. 혹시 그 상대가 자네처럼 용서할 줄 모르는 사람일줄 누가 알겠나?"

 예화와 관련된 말씀

누가 누구에게 불만이 있거든 서로 용납하여 피차 용서하되 주께서 너희를 용서하신 것 같이 너희도 그리하고(골 3:13).

20 | 모두가 축복받는 용서

 존경받는 그리스도인이었던 아브라함 링컨(Lincoln, Abraham) 대통령은 언제나 그를 붙들고 늘어지면서 그에게 말할 수 없는 수모와 욕을 안겨주는 정적 한 사람이 있었다. 그 사람은 사람들에게 "여러분, 우리는 고릴라를 보기 위해서 아프리카까지 갈 필요가 없습니다. 일리노이의 스프링필드에 가면 오리지널 고릴라를 볼 수가 있습니다."라며 링컨을 욕되게 하였다.

 그가 그렇게 말한 이유는, 스프링필드가 링컨의 고향과도 같은 곳이고 링컨의 생김새가 고릴라 같았기 때문에 빗대어 말한 것이다.

 그런데 링컨은 대통령으로 당선된 후 내각을 조직하면서 가장 중요한 국방부장관 자리에 바로 이 사람을 임명하였다. 모든 참모들은 링컨의 이런 개편에 충격을 받고 놀라지 않을 수 없었다.

 참모들이 링컨에게 어떻게 당신의 적을 그런 중요한 자리에 앉힐 수 있냐고 물었더니 링컨은 이렇게 대답했다.

 "이제 그 사람이 적이 아니지 않소. 나는 적이 없어져서 좋고 그가 나를 돕게 되었으니 내가 저 사람에게 도움을 받아서 좋지 않소. 내가 이 사람을 용서하고 중요한 자리에 임명한 것으로 인해서 내가 도대체 무엇을 잃었단 말이오?"

복수는 복수하는 사람과 복수 당하는 사람 모두를 파멸시킨다. 그러나 용서는 하는 사람과 받는 사람 모두를 축복한다. 복수를 해서 승리를 얻는 것이 아니라 용서함으로 링컨은 진정한 승리자가 되었다.

예화와 관련된 말씀

노하기를 더디 하는 것이 사람의 슬기요 허물을 용서하는 것이 자기의 영광이니라(잠 19:11).

21 | 한 변호사의 간증

　젊은 나이에 벌써 성공의 길에 들어선 영국의 한 변호사가 있었다. 어느 날 그는 영국 의사당 앞에서 비중 높은 변호를 하기로 되어있었다. 그러나 그는 그 일에 대해 많은 긴장과 부담감을 가진 나머지 지나친 스트레스로 인하여 그만 쓰러지고 말았다.

　그 이후 출세 가도를 달리던 그의 인생은 점차 망가지기 시작했다. 그는 정신착란 증세로 정상적인 생활을 유지할 수 없었다. 급기야 그는 자신이 더럽고 추한 무가치한 존재라고 자학함으로써 자살까지 하려고 했다. 그러나 그는 주변에 그를 불쌍히 여기며 관심을 가진 그리스도인들을 통해서 복음을 알게 되었고 하나님의 사랑을 깨닫게 된다. 자신의 존재를 쓸모 없다고 여기며 자살하려 했던 그가 죽음의 쇠사슬로부터 풀려 나오는 데는 10년이라는 긴 시간이 필요했다. 그는 주님께서 자신의 죄를 담당하여 십자가에 달려 돌아가심으로써 더럽고 추한 자신의 삶이 새로운 삶으로 변했다고 믿었다. 그리고 자신의 변한 삶의 모습과 그 사랑의 감격을 시로 고백하기 시작했다.

샘물과 같은 보혈은 임마누엘 피로다
이 샘에 죄를 씻으면 정하게 되겠네
저 도적 회개하고서 보혈에 씻었네
저 도적 같은 이 몸도 죄 씻기 원하네
죄속함을 받은 백성은 영생을 얻겠네
샘솟듯 하는 피 권세 한없이 크도다

찬송가 190장(새 258)이 바로 그의 간증의 노래이다.

그는 바로 윌리엄 카우퍼(William Cowper)로서 영국 문학사에 있어서 고전 문학가로 손꼽힐 만한 인물이다. 그는 스가랴 13장 1절 "그 날에 죄와 더러움을 씻는 샘이"라는 구절을 읽다가 더러움을 씻는 샘이 바로 예수 그리스도께서 십자가에 흘리신 보혈이라는 사실을 깨닫게 되었던 것이다.

 예화와 관련된 말씀

> 새 사람을 입었으니 이는 자기를 창조하신 이의 형상을 따라 지식에까지 새롭게 하심을 입은 자니라(골 3:1-).

22 | 하늘의 기쁨

7월 4일은 미국의 독립 기념일이었다. 지난 7월 4일 미국의 독립기념일에 맞추어 이 지구상에 화성으로부터 한 낭보가 도착했다. 미국에서 쏘아 올린 패스파인더호가 무사히 화성에 착륙하였다는 소식이었다. 그리고 소저너 로봇은 화성의 표면을 촬영하여 지구로 전송하기 시작하였다. 지구에서 화성까지의 거리는 직선으로 계산하면 약 1억 9천만 킬로미터이고 패스파인더호가 항해한 거리는 약 3억 킬로미터가 넘는다고 한다. 그 어려움의 정도가 어느 정도인고 하니 미국 서부의 한 도시에서 티샷한 골프공이 동부 뉴욕에 있는 홀에 홀인원하는 것보다 더 어렵다고 한다.

이 쾌거는 단지 미국 과학기술의 발전이라기보다는 미국 국민들이 가진 미래를 향한 비전의 성취라고 하여야 할 것이다. 이처럼 우리 국민들도 비전을 제시할 수 있는 지도자를 기다리고 있는데 이는 우리가 비전을 가지고 살아갈 때 용기와 자부심으로 채워지기 때문이다. 또 한 가지 우리의 마음을 뭉클하게 하였던 것이 있다. 패스파인더호가 화성착륙에 성공하였을 때 그 프로젝트에 참여하였던 사람들이 기뻐하는 모습이다. 그 동안 얼마나 가슴 조이며 그 순간을 기다렸겠는가. 그들은 서로 껴안고 기쁨의 눈물을 흘렸다. 그 동안의 고생을 일순간에 모두 잊어버리는 것 같았다. 일은 1억 9천만 킬로미터 떨어진 곳에서 발생하였는데 기쁨은 이 지구상에서 맛본다.

이것이 이 땅에서도 가능한 일이다. 그리고 하늘에서도 그것은 가능한 일이다. 예수님께서 말씀하시길 이 땅에서 한 사람이 회개하고 돌아오면 하나님은 하늘에서 회개할 것이 없는 99명과 함께 기뻐하는 것보다 더 기뻐하신다고 말씀하셨는데 이 말씀을 실감할 수 있을 것 같다.

회개는 이 땅에서 이루어지지만 화성보다 더 먼 곳에 계신 하늘 아버지께서는 아버지의 나라에서 기뻐하신다. 이 땅에서 죄인 하나가 회개하고 돌아오는 사건은 하나님께는 작은 사건이 아니다. 작은 로봇이 화성에 도착한 사건이 우리 인류에게 결코 작은 일이 아니듯이 말이다.

예화와 관련된 말씀

진실로 너희에게 이르노니 만일 찾으면 길을 잃지 아니한 아흔아홉 마리보다 이것을 더 기뻐하리라(마 18:13).

23 | 깡패에서 목사로

　어느 술주정뱅이 아들이 있었다. 술만 먹으면 아버지에게 대들고 싸움을 걸었다. 아버지가 몽둥이를 들고 나가면 한참동안 도망가다가 큰길에 이르면 금을 짝 그어놓고 "여기 넘어오면 내 아들놈!"하며 약 올리기가 일쑤였다.

　그 못된 아들은 깡패 두목이 되었다. 허구한 날 지나가는 사람에게 시비를 걸고 사람들을 두들겨 팼다. 어느 여름날 오후에 시냇가로 바람을 쐬러 나갔다.

　그런데 거기서 빨래를 하는 새색시를 발견하고 심술기가 발동했다. 큼지막한 돌을 하나 골라서 빨래 항아리를 향해 힘껏 던져 항아리가 와장창 깨져버렸다. 갑자기 봉변을 당한 이 색시가 욕을 해댈 줄 알았는데 희한하게도 화 한 번 내지 않고 조용히 빨래를 거두어서 집으로 돌아갔다. 호기심이 발동한 이 깡패가 색시를 쫓아갔다. 그랬더니 손으로 빨래를 한 아름 안고 들어오는 새댁을 보고 시부모님이 맨발로 뛰어나와 물었다.

　"아가, 넘어져서 항아리가 깨졌냐? 다치지 않았어? 주여, 우리 며느리가 다치지 않게 해 주시니 감사합니다."

"도대체 예수쟁이들은 알 수가 없구먼. 아니, 저런 상황에서 감사기도가 나와?"

깡패는 혼자서 비웃었지만 한편으론 부러운 마음이 생겼다. 그날이 이 색시의 식구들은 교회에 나가게 되었다. 깡패는 호기심을 가지고 따라가 보았다. 그가 교회에 들어서자 교인들이 한결같이 불안해 했다. 그러나 그날 밤에 깡패가 뒤집어지는 역사가 일어날 줄 누가 알았는가? 목사님의 설교를 듣고 이 깡패가 눈물로 회개하는 것이었다.

예배가 끝나서 교인들은 다 집으로 돌아갔지만, 이 사람은 일어나지 않았다. 마음이 변화되고 있었던 것이다. 그는 집으로 돌아오자마자 문을 걸어 잠그고 성경말씀을 읽기 시작했다. 무려 석 달 동안 성경만 읽었다. 그 후로 그는 완전히 새사람이 되어 신학교에 입학했다. 그리고서 수없이 많은 영혼들을 주님 앞으로 인도하는 하나님의 위대한 종이 되었다. 그가 바로 김익두 목사님이다.

 예화와 관련된 말씀

> 그러므로 내가 스스로 거두어들이고 티끌과 재 가운데에서 회개하나이다(욥 42:6).

24 | 불륜아내 살해

 정 집사는 원래 1남 2녀를 둔 다복한 치과의사였다. 그러다 1985년 4월, 그는 다른 남자와 함께 여관에 투숙한 아내와 맞닥뜨리게 됐다. 그는 홧김에 여관방에 있던 난로를 아내에게 던져 숨지게 했다. 1심 판결은 사형이었다.
 "아내를 죽인 사형수였어요. 죽기만을 기다렸지요. 하지만 그런 제게도 하나님께서는 손을 내미셨어요. 같은 감방에 교통사고로 들어온 전도사가 제게 전도를 했어요. 사형수인 제게 그게 다 무슨 소용이 있었겠어요."
 그런데 비가 오던 어느 날. 옛날 생각으로 눈물짓던 그의 입에서 "주여, 이 죄인을 용서하여 주옵소서."라는 기도가 저절로 흘러나왔다.
 2심에서 무기징역으로 감형됐다. 그때 그는 새 생명을 주신 주님께 헌신하겠다고 다짐했다. '언제 나갈지는 모르지만 세상에 나가면 나보다 더 약한 사람을 위해 살리라.' 그때 생각한 것이 장애인을 위한 삶이었다. 이를 위해 사회복지에 관한 책, 장애인 사업 관련 서적 500여권을 독파했다.
 지금 아내와 만난 것도 그때 읽은 책 때문이었다. 한 시집에서 하반신이 마비된 여성 장애인이 쓴 시를 보고 동병상련의 마음으로 편지를 썼다. 편지는 서로에 대한 위로, 성경말씀 권면 등으로 8년 간 2,000여 통이 이어졌다. 형제님, 자매님의 호칭은 어느새 여보, 당신이 됐고 2000년 8월 15일 옥중결혼을 했다. 그러다가 1년 후인 2001년 8월 15일, 그는 수감생활 17년 만에 광복절 특사로 새 빛을 찾았다.

그는 출소하자 옥중에서 서원한 대로 장애인 사역에 헌신했다. 2002년부터 50여명의 회원과 장애인 나들이를 도우면서 급식지원 및 교회 장애차량 운전 봉사에 적극 나섰다. 또 주위 도움을 받아 장애인에게 전동 휠체어를 기증하기도 하며 무료로 수리 봉사도 한다. 휠체어 등 장애인용 기계 수리를 잘해 맥가이버 집사로 통한다.

정 집사는 "하나님의 계획은 정말 놀랍습니다. 사형수였던 제가 한 여성을 사랑하고 하나님을 사랑하고 장애인을 사랑하는 삶을 살게 될 줄 생각이나 했겠습니까"라고 말한다.

예화와 관련된 말씀

회개하라 천국이 가까이 왔느니라 하였으니(마 3:2).

25 주 예수 내 맘에 들어와 계신 후

한 여고생이 있었다. 가출을 하고 도시에 가서 밤무대를 전전하며 인생을 즐기기 시작했다. 그렇게 몇 년을 보내던 어느 날, 몸이 좋지 않아서 병원에 갔더니 청천벽력 같은 선고가 떨어졌다.

"당신은 앞으로 3개월 정도밖에 살지 못하겠으니 집에 가서 먹을 것이나 실컷 먹고 인생을 정리하시오."

의사의 말에 이 여학생은 엄청난 충격을 받았다. 몇날 며칠을 뜬눈으로 지새우며 괴로워하다가 마지막으로 부모님을 찾아가기로 했다. 부모님께 인사나 하고 그 품에 죽고 싶었던 것이다. 집으로 돌아갔지만 날이 어두워졌어도 집안으로 들어갈 용기가 없었다. 여러 번 망설이다가 자기 집 창가에 서서 귀를 기울였다. 그랬더니 아버지의 기도 소리가 들렸다.

"하나님 아버지, 나의 딸이 돌아오게만 해주시옵소서. 살아서 돌아오게만 해주시면 더 이상 바랄 것이 없겠나이다."

딸이 이 기도 소리를 듣고 통곡을 하며 집안으로 들어갔다. 아버지는 너무도 좋아서 딸을 껴안고 기쁨의 눈물을 흘리며 감사했다.

"하나님, 감사합니다. 부족한 종의 기도를 들어 주셔서 감사합니다."

몸과 마음이 지칠 대로 지친 이 딸은 예배를 드리면서 처음으로 평안을 얻었다. 교회에 나가 엎드리자 그동안 지은 죄가 주마등처럼 스쳐 지나갔다. 눈물로 회개했다. 기왕 죽더라도 모든 죄를 용서받고 깨끗한 모습으로 하나님 앞에 서기를 소원했던 것이다.

그런데 이게 웬일인가? 3개월이 지나도 죽을 조짐이 보이지 않았다. 병원에 가서 진찰해 보니 병이 씻은 듯이 없어졌다. 이 여학생은 눈물의 간증을 했다. 그리고서 맨 마지막에는 찬송가 "주 예수 내 맘에 들어와"를 불렀다.

이 찬송을 부를 때 교회는 눈물바다가 되고 성도들은 큰 은혜를 받았다.

 예화와 관련된 말씀

이 내 아들은 죽었다가 다시 살아났으며 내가 잃었다가 다시 얻었노라 하니 그들이 즐거워하더라(눅 15:24).

03
사하여 주시리라

그러므로 너의 악함을 회개하고 주께 기도하라 혹 마음에 품은 것을 사하여 주시리라(행 8:22).

01 내 안에 예수님의 마음을 채워라

하루는 무디 선생님이 설교를 하다가 손에 든 컵을 가리키며 말했다.

"이 컵에서 공기를 하나도 남김없이 빼려면 어떻게 해야 합니까?"

사람들은 공기펌프로 빼야 된다느니하며 여러 가지 방법을 이야기했다.

그때 무디 선생님은 빙그레 웃으며 말했다.

"이 컵에서 공기를 빼면 진공상태가 되어 컵이 깨져 버립니다. 컵이 깨지지 않게 공기를 제거하는 방법은 한 가지 밖에 없습니다.

그것은 공기 대신 다른 것을 채우면 됩니다." 하면서 주전자를 들고 컵에 물을 가득 채웠다. 사람들은 고개를 끄덕이며 감탄했다.

예수님을 믿고 마음속에 있는 모든 죄를 자복하고 회개를 하고서 새사람이 되어 살려고 해도 그것이 결국 작심삼일로 끝나고 마는 이유가 무엇인가?

마음을 깨끗이 비우기는 했지만 그 안에 다른 어떤 것을 대신 채우지 않았기 때문에 깨져버리는 것이다(빌 2:5).

그러므로 내 안에 예수님의 마음을 채워야 한다. 예수님을 마음속에 모시고 사는 사람은 하나님의 지혜를 얻어 창조적인 삶을 살 수 있는 것이다.

 예화와 관련된 말씀

너는 진리의 말씀을 옳게 분별하며 부끄러울 것이 없는 일꾼으로 인정된 자로 자신을 하나님 앞에 드리기를 힘쓰라 (딤후 2:15).

02 │ 워싱턴의 회개

옛날에 내가 영어 공부를 할 때에 조그마한 책에서 읽은 이야기이다. 조지 워싱턴이 어렸을 때에 그 아버지가 아메리칸 인디언들이 쓰는 조그만 도끼를 하나 사주었다. 손으로 던지면 빙빙 돌다가 벽에 탁 박히는 게 어린 워싱턴은 너무도 신이 났다. 그런데 도끼를 들고 사방에 뛰어 다니다가 실수로 그만 아버지가 제일 아끼는 체리나무를 찍어버렸다.

"이것, 큰일 났다."

겁이 난 워싱턴은 아무도 몰래 땅을 파고 그 나무를 묻어버렸다. 그리고 모른 척했다. 하지만 아버지 보기가 민망해서 슬슬 피해 다녔다. 그렇게 사흘이 지나자 조지 워싱턴은 더 이상 견딜 수 없었다. 그래서 아버지 서재에 들어가서 아버지를 붙들고 이야기를 했다.

"아버지, 제가 잘못했습니다. 아버지가 사준 도끼를 휘두르다가 실수로 그 체리나무를 찍었습니다."

그러자 아버지는 빙그레 웃으면서 이렇게 말한다.

"애야, 나는 네가 한 짓 인줄을 벌써 알고 있었단다. 너 외에 누가 했겠느냐? 그러나 네 스스로 깨닫고 회개하고 돌아오기를 바라고 있었단다. 너는 참으로 위대하구나." 하며 칭찬해 주었다. 거기서 조지 워싱턴이 다시 태어났다. 생각해 보라. 만일에 아버지가 "어느 놈이 그랬느냐? 분명히 너지? 네 죄를 네가 알렸다!" 하며 요절을 냈다면 어땠겠는가. 그러면 죄를 뉘우치지도, 사랑도 못 느꼈을 것이다.

예화와 관련된 말씀

내가 너희에게 이르노니 이와 같이 죄인 한 사람이 회개하면 하나님의 사자들 앞에 기쁨이 되느니라(눅 15:7).

03 | 요한 웨슬레의 신앙각성

요한 웨슬레의 신앙 각성의 일화를 소개하고자 한다. 미국 선교여행에서 실패함으로써 허탈한 마음을 안고 자기 고향인 영국행 배를 탔던 그는 심한 풍랑으로 인하여 위험에 처하게 되었다. 승객들은 모두가 죽는다고 아우성들이었다. 웨슬레도 배 한 귀퉁이에서 시시각각으로 죄어오는 죽음의 공포 앞에 마음을 졸이고 있었다.

이때 배 어느 모퉁이에서 우렁찬 찬송소리가 들려왔다. 웨슬레는 자신도 모르는 사이에 소리가 나는 곳으로 발걸음을 옮겼다. 그것은 자기와 같은 개신교도 모라비안의 찬송이었다. 그들의 찬송은 활달하고 그 얼굴은 기쁨과 평화로 빛났으며 그들의 기도에는 힘이 넘쳤다. 순간 웨슬레는 무릎을 꿇고 자신의 믿음 없음을 하나님 앞에 철저히 회개하게 되었다.

'저것이 바로 믿음이구나.'

예수가 정말 나의 주인이라면 이 위험천만한 지경에서도 저 소망, 저 기쁨, 저 평화가 있을 수밖에 없을 것이다. 성난 파도가 배를 삼킬 듯이 흉흉한 공포의 도가니 속에서도 우주

만물을 지으신 하나님을 원망하지 않고 믿음의 주가 되시는 예수님에게 실망의 추파를 던지지 않고 오히려 힘 있는 찬송과 확신의 기도를 올렸던 그들의 믿음이다.

나의 불안, 좌절, 무기력은 내가 예수님을 진정한 나의 주인으로 모시고 있지 않았기 때문이다. 웨슬레는 이 깨달음으로 인하여 제2의 시기를 만나게 되었던 것이다.

 예화와 관련된 말씀

심판 때에 니느웨 사람들이 일어나 이 세대 사람을 정죄하리니 이는 그들이 요나의 전도를 듣고 회개하였음이거니와 요나보다 더 큰 이가 여기 있으며(마 12:41).

04 | 작은 죄 큰 죄

러시아의 문호 톨스토이의 작품 중에 이런 것이 있다. 어느 목사님에게 두 여인이 찾아왔다. 한 여인은 자기는 큰 죄를 지은 죄인이라며 하염없는 눈물을 흘렸고, 또 한 여인은 자기는 일생 이렇다 할 큰 죄는 짓지 않았지만 자질구레한 잘못은 많다고 했다.

목사는 두 여인에게 이렇게 말했다.

"당신은 당신이 들 수 있는 가장 큰 돌덩이를 가져오시오. 그리고 당신은…"

목사는 이번에는 일생동안 이렇다 할 큰 죄를 지은 기억이 없다는 여인에게 말했다.

"자디잔 돌멩이를 치마폭에 가득 주워 오시오."

한참 후에 두 여인은 목사가 시키는 대로 하여, 한 여인은 커다란 바윗돌을 낑낑거리며 옮겨 왔고, 다른 여인은 새알만한 잔 돌을 치마폭가득 주워왔다.

그러나 목사는 이렇게 말하는 것이었다.

"미안하지만 이번에는 그 돌멩이들을 제 자리에 갖다 놓고 오시오."

큰 바윗돌을 가져온 여자는 다시 낑낑거리며 바윗돌을 제자리에 갖다 놓았다. 어디서 가져온 것을 분명히 알고 있었기 때문이다. 그러나 새알만한 잔돌을 치마폭에 가득히 주워온 여인은 어찌할 바를 몰라 쩔쩔매고 있었다.

"바로 그거요!" 목사가 소리쳤다.

"하나님께서 지은 죄도 바로 이런 것이요, 당신은..."

목사는 일생 동안 별로 큰 죄를 짓지 않고 자질구레한 잘못만 저질렀다는 여자에게 말했다.

"하루하루 이러저러한 죄를 지으면서도 하나님께 죄책감 없이 일생을 살아왔기 때문에 많은 죄를 짓고도 회개 한 번 하지 않았소. 그러나 이 여인은 큰 죄를 짓고 이렇게 통회하고 자복하고 있으니 하나님의 용서하시는 은총이 함께 하실 것이요."

목사는 그러면서 큰 죄를 지은 여자를 위하여 기도하는 것이었다.

예화와 관련된 말씀

그러므로 회개에 합당한 열매를 맺고(마 3:8).

05 | 시실섬의 사건

이태리 시실섬에서 일어난 사건이다. 어떤 전도자가 길을 가다가 산속에서 **강도**를 만났다. 가지고 있던 돈은 다 빼앗기고 소지품은 모조리 불속에 넣으라는 호령이 떨어졌다.

전도자는 소지품을 모두다 불속에 넣을 수가 있었지만 성경책만은 넣을 수가 없었다.

그래서 전도자는 "내가 이 책을 불속에 넣겠는데 당신은 여기에 무슨 말이 기록 되어있는지 궁금하지 않소? 내가 한두 마디만 읽고 불속에 넣어도 되겠습니까?"라고 물었더니 "좋다"고 대답했다.

전도자가 성경을 펼치니 시편 23편이 나왔다. "여호와는 나의 목자시니 내가 부족함이 없으리로다..." 강도 앞에서 열심히 읽어가니 강도는 "아하! 그것참 좋구먼! 그 책은 여기다 놓으시지." 라고 말했다.

이번에는 신약 성경을 펴고 마태복음 5장을 읽어 내려갔다.

"심령이 가난한 자는 복이 있나니..." 이번에도 "아하! 그것도 좋구려, 그것도 여기 놓으시지?" 하고 나서 강도는 그 성경책을 싸가지고 날렵하게 사라졌다. 수년이 지난 어느 날, 목사님 한 분이 전도자를 찾아 왔다.

"날 기억하시나요?"

"아뇨? 전혀 기억이 없습니다."

"그러시면 수년 전 강도를 만나서 돈과 성경을 빼앗겼던 일은 기억하시나요?"

"예 그 사실은 기억납니다."

"죄송합니다…" 말을 더듬으면서 "내, 내가 바로 그 강도입니다. 전도자님의 물건 속에 주소를 보고 찾아왔습니다. 나는 그 책을 가지고 가서 읽기 시작한 후 죄를 깨닫고 회개하였습니다. 나는 신학공부를 하고 지금은 목사가 되었습니다. 전도자님 용서해 주세요!" 라고 성경을 들고 눈물을 흘리고 있었다.

 예화와 관련된 말씀

이르시되 때가 찼고 하나님의 나라가 가까이 왔으니 회개하고 복음을 믿으라 하시더라(막 1:15).

06 | 회개

어느 목사님의 딸이 안 믿는 남자와 연애를 했다. 아버지 되는 목사님이 눈물로 극구 말리는데도 그 딸은 듣지 않고 기어이 자신의 뜻대로 결혼을 하고 말았다. 그 후 10여 년 동안 그녀 자신 마음대로 살았다.

물론 교회도 다니지 않았다. 그러던 중에 그녀의 외아들이 병들었다. 그러나 그녀는 하나님 앞에 간절한 마음으로 기도를 하지 않고 끝끝내 불신앙의 사람으로 살았다. 결국 그 아들이 죽자 그녀는 그제야 교회를 찾아가서 너무나 괴롭고 답답한 마음을 목사님께 하소연했다.

"하나님께서 어찌 이러실 수 있습니까? 하나뿐인 내 아들이 왜 죽어야 합니까?"

회개는 하지 않고 도리어 원망을 했다. 자기가 목회자의 자녀라는 사실도 고백하면서 온갖 넋두리로 원망을 늘어놓았다. 듣다못해 목사님이 한 마디 했다.

"당신과 같은 사람은 그 정도 얻어터져야 10년만에라도 교회에 나오는 걸 어떡합니까?"

웬만하면 좋은 말로 위로하고 싶었는데 줄곧 못된 말로 원망하는 것을 보고 신중하게 꾸짖었다고 한다.

'그 정도가 아니고는 당신이 제 발로 교회를 찾아오지 않으므로 하나님께서 그런 방법을 취하신 것이다. 당신을 부르시려고 이 사건이 있게 하신 것이다.' 라고 깨우쳐주려 한 것이다.

그 여인은 그제야 무릎을 꿇고 통곡하며 회개하였다고 한다.

예화와 관련된 말씀

그러므로 회개에 합당한 열매를 맺고 속으로 아브라함이 우리 조상이라 말하지 말라 내가 너희에게 이르노니 하나님이 능히 이 돌들로도 아브라함의 자손이 되게 하시리라(눅 3:8).

07 | 20년만의 진실

 일곱 살이었던 어느 날, 나는 동네 한 모퉁이에서 어묵 국물을 떠먹는 다른 아이의 모습을 물끄러미 쳐다보며 입맛만 다시고 있었다. 나는 빈 주머니의 아쉬움을 달래야 했다.

 한참을 그렇게 서 있는데 "얘, 변전소가 어디 있지?" 하고 묻는 중년 신사의 소리에 뒤를 돌아봤다. 안면 있는 사람이라는 생각도 들었지만 내가 알고 있는 곳을 묻기에 나는 "저를 따라 오세요." 했다. 나와 제일 친한 친구도 동행해 주었다. 언덕 위로 올라서자 비가 흩뿌리고 있었.

 "얘들아, 니들 옷 벗어라. 비에 젖겠다. 옷 버리면 엄마 아빠가 좋아하지 않으실 거야."

 그 말은 나를 위해 주는 말이라고 생각했고, 나는 얼른 새 옷을 벗어 그에게 건네주었다. 신사는 내 옷을 착착 접어 가방 속에 넣더니 변전소 근방에 가서 돌려주겠다고 했다.

 앞서거니 뒤서거니 하며 목적지를 불과 2백 미터 앞두고 있었다. 그가 급하게 내 손에 10원을 쥐어 주며, "얘, 저기 가서 빵을 좀 사 오련?" 했다. 나는 친구와 같이 빵가게에 갔으나 문이 닫혀 있었다. 애석한 마음으로 돌아와 보니 어느 새 신사는 골목 어귀를 돌고 있었다. 쏜살같이 내빼는 뒷모습만 보이고…. 내 손에 쥐인 10원짜리 동전 하나. 다 떨어진 내의 차림으로 집에 돌아온 나는 결국 집에서 혼나고 말았다.

20년이 흘렀다. 거래 관계에 있던 한 동창이 내게 할 말이 있다며 다방으로 가자고 했다.

"어이, 자네 20년 전의 일을 기억하나? 우리 아버지가 실직한 지 2개월 되던 날, 나와 했던 약속으로 새 옷을 한 벌 가지고 오셨더군. 오늘처럼 비가 오는 날이었지. 그런데 주머니에 손을 넣어 보니 네 이름이 새겨진 뿔명찰이 쥐여지는 게 아니겠어?"

"…."

"미안하게 됐네. 사실 난 그 날 이후 한 번도 그 옷을 입지 않았어. 어젯밤에 아버지가 돌아가셨다네. 네게 그 얘기를 하라고 하셨어. 그때 미안했다고."

 예화와 관련된 말씀

> 그러므로 너희가 회개하고 돌이켜 너희 죄 없이 함을 받으라 이같이 하면 새롭게 되는 날이 주 앞으로부터 이를 것이요(행 3:19).

08 나병이 낫듯이

 나는 정말 제멋대로 행동하는 놈이었다. 나쁜 친구들과 어울려 매일 같이 싸우고 다니기를 일삼았다. 특히 아버지와의 사이는 아주 나빠서 한때 아버지가 날 버렸다고 생각한 적까지 있을 정도였다

 "현식아, 여행 갈래?" 순간 당황했다. 아버지가 그런 말씀을 하시다니… 결국 별로 내키지는 않았지만 나는 아버지를 따라 한없이 지루한 여행길에 올랐다. 배를 타고 섬으로 들어가는데 섬 이정표 옆 하얀 간판에 빨간 글씨로 무언가 적혀 있었다. 자세히 보니 '나병은 낫는다.'는 말이 아닌가? 거기는 바로 한센씨병 환자들이 산다는 '소록도'였다. 그 날 저녁은 그곳 작은 교회에서 예배를 드렸다.

 한 20분쯤 지났을까. 한센씨병 환자들이 하나 둘씩 들어왔다. 나는 순간 숨이 확 막혔다. 썩어 들어가는 다리와 잘려나간 손가락은 천으로 둘둘 말았지만 쭈글쭈글한 머리에 머리카락이 빠진 게 보였다. 나는 그들의 모습을 본 순간 교회에서 뛰쳐나오고 말았다. 예배 후 식당에서 저녁을 먹을 때였다. 비위도 좋게 아버지는 그들이 차려 놓은 음식을 다

들고 있었지만 한참 빈 젓가락질을 하다 나는 내 옆을 지나가는 한센씨병 환자에게 물 한 컵을 부탁했다. 알겠다는 표시로 주저앉은 턱을 끄덕이던 그는, 한참 지나도 오지 않는 것이었다. 나는 혹시 무슨 일이 생긴 건 아닌지 걱정돼 교회 장로님을 찾았다.

"물요? 새로 물을 떠오려면 산 아래로 1킬로는 내려가야 하는데…." 장로님의 놀란 목소리에 나는 마음이 철렁하고 내려앉았다. 나는 참다못해 교회 밖으로 나왔다. 체념하며 교회 안으로 들어오려는 순간 어두운 산길 쪽에서 거친 숨소리가 들려오는 게 아닌가? 자세히 보니 물을 뜨러갔던 그 사람이었다.

목에는 물통을 매달고 입에는 손전등을 문 채 어두운 밤 거친 자갈밭 길을 힘들게 오르는 그 사람을 보는 순간 나는 나도 모르게 뛰어가 그를 안고 엉엉 울었다. 그는 무슨 영문인지 모른 채 물통을 자꾸만 내 쪽으로 밀어주는 것이었다.

 예화와 관련된 말씀

그러므로 너의 이 악함을 회개하고 주께 기도하라 혹 마음에 품은 것을 사하여 주시리라(행 8:22).

09 | 강도 만난 목사

경남 어느 중소도시에서 목회하는 목사 댁에 강도가 들었다. 종일 심방으로 피로에 지쳐 잠든 목사의 옆구리를 발로 툭 차는 것이었다. 놀라 눈을 뜬 목사는 시퍼런 칼을 코앞에 들이댄 복면의 강도를 보고 떨었다. 강도는 침착한 목소리로 말했다.

"돈이나 귀중품이 어디 있소?" 목사는 벌벌 떨면서 말했다.

"별로 없습니다."

"그래도 얼마는 있을 것 아니오?"

"저기…", "저기라니 어디?"

"제발 목숨만 살려주시오."

"돈이나 귀중품만 내어놓으면 살려주겠소!"

목사는 일어나 장롱 서랍을 열고 돈이며 귀중품을 깡그리 내주었다.

"이것뿐이오?", "예!"

"이것 얼마 되지 않는데…"

"목사가 무슨 돈이 있고, 귀중품이 있겠습니까?"

"무슨 소리 하는 게요? 요사이는 목사들이 더 돈이 많다던데…"

"그렇지 않습니다. 내가 지금 가진 건 이게 전부입니다."

"돈 좀 모아 두시오.", "예!"

강도는 몽땅 털어 달아나 버렸다. 강도가 떠난 후 목사는 엉겁결에 당한 일이라 얼얼하였다.

다음 주일 낮 예배 시간에 목사는 설교를 하면서 강도 만난 일을 다 이야기하였다. 그러면서 목사는 이렇게 덧붙였다.

"내 평생 그렇게 겁나기는 처음입니다. 강도 앞에서 벌벌 떨며 시키는 대로 돈이며 귀중품을 다 내어놓았습니다. 한심한 일이지요. 순간 나는 깨달았습니다. 내가 하나님 앞에 그만큼 떨며 살았다면 얼마나 좋았을까 하는 것이었습니다. 그렇게 살지 못한 것을 회개하였습니다."

 예화와 관련된 말씀

그러므로 우리가 그리스도의 도의 초보를 버리고 죽은 행실을 회개함과 하나님께 대한 신앙과(히 6:1).

10 | 거듭나지 못하면

그는 어린 시절에 목사가 될 꿈을 가지고 있었다. 그래서 때때로 혼자 빈 의자에 올라서서 목사 흉내를 내며 설교를 하곤 했다.

노래에 천부적인 자질이 있던 그는 음악공부를 전혀 하지 않았음에도 수도원 합창단 단원이 되기도 했다.

청년이 된 그는 열심히 교회에 다니면서 음악공부도 게을리 하지 않았다. 그는 역사, 철학, 예술 등 다방면의 책을 즐겨 읽었으며 재능 또한 대단했다.

그가 군대에 있을 때 참호를 파고 은폐해 있는 곳으로 작은 강아지 한 마리가 다가왔다. 그는 강아지를 붙잡아 먹이를 주고 부드럽게 쓰다듬어 주었다. 마침내 강아지와 좋은 친구가 되었다.

그런데 어느 날, 누군가가 그 강아지를 훔쳐가 버리자 그는 슬픔에 잠겨 며칠 동안 제정신이 아니었다. 그는 사람은 물론 짐승에게까지도 해를 끼칠 줄 모르는 사람이었다.

그는 서른네 살 때 자기 어머니에 대한 아름다운 시를 써서 사람들에게 보여 주며 어머니를 사랑하라고 권하기도 했다. 한 인간에 대해서 이쯤 서술해 놓으면 '이렇게 아름다운 사람이 과연 누구일까?'라는 생각을 하지 않을 수 없다.

그러나 가증스럽게도 이 사람이 세상에서 가장 악명이 높았던 아돌프 히틀러(Adolf Hitler, 1889-1945)라고 하니 정말 놀랄 일이다.

그렇게 선하던 사람이 어떻게 지구 역사상 가장 잔인하고 악마적인 인간이 되었을까.

정말로 알다가도 모를 존재가 인간이라는 생각이 든다. 아무리 신앙생활을 열심히 해도 주 안에서 거듭나지 아니하면 결국 비참하게 끝난다는 사실을 히틀러는 삶으로 보여 준 것이다.

예화와 관련된 말씀

> 타락한 자들은 다시 새롭게 하여 회개하게 할 수 없나니 이는 그들이 하나님의 아들을 다시 십자가에 못 박아 드러내 놓고 욕되게 함이라(히 6:6).

11 | 굼벵이의 거듭남

 하나님의 창조 원리는 참으로 신비하고 오묘하다. 생명체가 전혀 다른 모습으로 변화하는 것이다. 농촌에는 아직도 지붕을 볏짚으로 이엉을 엮어서 덮는 곳이 더러 있다. 그 지붕이 오래 될수록 그 속에 굼벵이가 많이 서식한다. 그 굼벵이는 사람이 제일 끔찍하게 여기며 싫어할 만큼 못생겼고 흉물스럽고 더럽다.

 또 썩은 짚 속에서만 살 수 있지 햇볕에 직접 쪼이거나 밝은 세상에서는 생존할 수도 없고 위험천만하다. 닭이 제일 좋아하는 먹이가 되기 때문이다.

 그런데 그 굼벵이가 어느 날 갑자기 밤중에 썩어 냄새나는 거주지에서 나와 나무에 기어올라 꽉 달라붙고 그 속에서 비집고 나온 새로운 생명이 있으니 그것이 매미이다. 굼벵이와 매미는 같은 생명의 연장이다.

 그러나 그 모습과 그 서식하는 주위 환경은 천양의 차이가 난다. 보기에 흉물스럽고 끔찍하여 기피의 대상이며, 썩은 두엄에서만 생존 가능하던 굼벵이 속에서 나온 매미는 전혀 다른 모습이다.

매미는 우주 공간을 자유자재로 날아다닌다. 사람에게 귀여움을 받는다. 깨끗하고 맑은 공기와 환경에서 살지 썩은 두엄 속에 들어가서는 살지 못한다.

마찬가지로 사람이 거듭나기 전에는 죄와 불의의 환경에서 살지만, 거듭난 후에는 의롭고 정결하며 아름다운 모습의 삶으로 탈바꿈하게 된다. 거듭남이란 완전한 변화를 말한다.

 예화와 관련된 말씀

사람이 회개하지 아니하면 그가 그의 칼을 가심이여 그의 활을 이미 당기어 예비하셨도다(시 7:12).

12 | 거듭나야 한다

유명한 정치인인 챨스 콜슨이라는 사람이 있다.

1971년에 챨스 콜슨에게 어느 신문기자가 이런 평가를 했다.

"이 사람은 대통령의 투사다."

이 말을 나쁜 말로 표현하자면 "살인 청부업자"라는 말로도 해석이 가능하다.

대통령을 위해서라면 수단 방법을 가리지 않고 많은 사람들을 심한 곤경에 몰아넣었던 유명한 정치인인 이 사람은 현재 미국 그리스도인들의 영웅이 되었다.

그리고 그는 「거듭나야 한다」는 유명한 책을 썼다.

이 사람이 얼마나 나쁜 사람인가에 대해서 이런 말들을 했다.

"이 사람은 필요하다면 할머니의 등을 밟고서라도 지나갈 수가 있는 사람이다."

이 사람이 정치적인 문제와 경제적인 문제로 감옥에 들어갔을 때 그는 감옥 속에서 예수 그리스도를 만나고 중생하게 되었다.

그 다음에 그는 감옥에서 받은 깊은 인상을 가지고 감옥 속에 있는 죄수들을 전도하는 일에 평생을 바치기로 결정했다.

그래서 세계를 흔들었던 이 유명한 정치인이 지금은 감옥마다 찾아다니며, 죄수들에게 전도하는 사랑의 전도자로 변하고 말았다.

예화와 관련된 말씀

내가 의인을 부르러 온 것이 아니요 죄인을 불러 회개시키러 왔노라(눅 5:32).

13 | 인생을 주관하시는 하나님

　유명한 찬송가 작사가 패니 크로스비(F. J. Crosby)는 신앙이 좋은 할머니와 어머니 밑에서 성경을 배우며 자랐다. 그러나 그녀는 육체의 질병과 앞을 보지 못하는 어둠 때문에 날마다 괴로워했다. 그래서 자신의 인생을 원망하고, 사회를 원망하고, 부모와 하나님을 원망했다.
　그런데 그녀에게는 그녀를 진심으로 사랑하는 데오드르 캠프라는 선생님이 있었다. 그 선생님은 항상 그녀에게 하나님의 말씀을 가지고 복음을 들려주었다.
　뉴욕에 전염병이 유행하던 어느 날 패니 크로스비는 꿈속에서 자기의 선생님이 죽어 가는 광경을 보게 되었다. 그는 죽어가면서 "네가 나를 천국에서 만나 주겠니?"라고 묻는 것이었다. 잠에서 깬 크로스비는 자신이 천국에 갈 확신이 없음을 깨닫고 불안해졌다.
　그때부터 크로스비는 어떻게 하면 하늘나라에 갈 수 있을지, 어떻게 하면 인생의 의미를 찾고 풍성한 열매를 맺을 수 있을지를 고민하기 시작했다. 그녀는 고민 끝에 간호원이 되기로 결심했다. '착한 일을 하다가 죽는 것이 가장 좋겠다'고 생각한 그녀는 전염병이 유행하고 있는 뉴욕에서 간호원이 되려고 지원했지만 그녀의 마음 깊은 곳에는 여전히 평안히 없었다. 왜냐하면 그녀에게는 죽음 건너편에 있는 영원한 생명에 대한 확신과 참된 소망이 없었기 때문이다.

그녀는 1850년 11월 20일 어느 교회의 전도 집회에 참석했다. 집회의 설교가 끝나고 이 찬송이 불려질 때 그녀는 예수 그리스도께서 자기를 부르시는 음성을 들었다.

"웬말인가 날 위하여 주 돌아가셨나
이 벌레 같은 날 위해 큰 해 받으셨나
늘 울어도 눈물로서 못 갚을 줄 알아
이 몸밖에 더 없어서 이 몸 바칩니다."

그녀는 주님 앞에 걸어 나와 주님께 고백했다.

"주님! 내가 스스로 내 인생을 고쳐 보려고 노력했지만 실패했습니다. 나의 인생을 주님께서 맡으시고 주관하시고 변화시켜 주십시오."

 예화와 관련된 말씀

너희가 전에는 양과 같이 길을 잃었더니 이제는 너희 영혼의 목자와 감독 되신 이에게 돌아왔느니라(벧전 2:25).

14 | 하나님의 오묘한 섭리

   영국의 유명한 찬송 작가인 윌리엄 카우퍼는 서른 두 살이 되었을 때 인생이 너무나 고통스럽다고 느낀 나머지 인생을 포기하겠다는 결론을 내렸다.

   그래서 강에 뛰어내릴 작정으로 마부에게 테임즈 강을 향해 가자고 말했다. 그런데 이 청년의 표정을 수상하게 여긴 마부는 청년을 내려놓고 그가 강에 투신하려는 순간에 붙잡고 청년을 향해 이렇게 격려하고 돌아갔다.

   "앞길이 창창한 젊은이가 이런 일을 하면 어떻게 합니까? 그 용기를 가지고 굳세게 사십시오." 그 마부 때문에 그의 첫 번째 계획은 실패했다. 그는 집에 돌아오자마자 다시 음독자살을 시도했다. 그러나 그 이웃이 우연히 그의 집을 방문했다가 그가 아직 숨 쉬고 있음을 확인하고 해독제를 먹여 살려 냈다.

   두 번째 자살에도 실패한 그는 '내가 이래서는 죽을 수 없겠구나' 라고 생각하여 이번에는 면도날로 손목의 동맥을 끊고자 했다. 그러나 그 순간 놀랍게도 면도날이 부러지는 바람에 세 번째도 실패하고 말았다. 그래도 그는 포기하지 않고 네 번째는 꼭 성공하리라 결심하며 목을 매달았다. 그러나 목을 매단 순간 또 이웃집 사람이 와서 매달려 있는 그를 발견하고는 끈을 풀어 병원으로 데려가 살렸다. 그의 정신적인 상태는 이루 말할 수 없이 피폐해져 정신병에 시달렸다.

그렇지만 그를 사랑했던 이웃들의 배려와 손길을 통하여 교회로 초청 받았고 복음의 말씀을 통해서 그는 그리스도를 영접하고 주님을 의지하기 시작했다.

존 뉴톤 목사님은 그의 친구가 되어 늘 신앙적인 대화를 나누며 상담해주고 격려하면서 그의 믿음을 북돋아 주었다. 그런데 그에게도 목사님처럼 시적인 재능이 있었다. 자기를 양육해준 목사님을 따라 그도 자기를 구원해 주신 예수 그리스도와 하나님을 위해서 찬송시를 쓰기 시작했다. 그래서 쓰인 찬송시 중에는 찬송가가 되어 전 세계 사람들에게 불리고 있는 곡이 무려 67곡이나 된다.

예화와 관련된 말씀

나를 또 넓은 곳으로 인도하시고 나를 기뻐하시므로 구원하셨도다(삼하 22:20).

15 도박으로부터의 탈출

"목사님, 제 왼손의 손가락을 한 번 보시겠어요?"

어느 날 제가 성경공부 모임을 인도하는 중에 한 장로님이 나에게 물었다. 그러고 보니 장로님의 왼손 손가락 중에 가운데 손가락이 없었다. 그래서 어떻게 된 일인지 사연을 물어보니 장로님의 기막힌 사연은 이러했다.

"저는 예전에 도박을 밥 먹듯 즐겼습니다. 도박을 끊기 위해서 별별 노력을 다 해보았지만 한 번도 성공한 적이 없었습니다. 예수님을 믿고도 도박은 계속했지요. 그날도 밤새도록 도박판을 벌이다가 새벽녘에 집으로 돌아왔는데 아내가 울고 있더군요. 그 순간 제 모습이 너무나 비참하다는 생각이 들더군요. 그래서 아내가 보는 앞에서 도박을 하지 않겠다고 다짐하면서 부엌에 있는 칼을 들어 손가락 하나를 잘랐습니다. 그래서 이렇게 된 것입니다."

성경공부에 참석한 모든 사람들이 놀라서 쳐다보자 장로님은 내밀었던 잘린 손가락을 감추며 계속해서 말을 이었다.

"그런데 작심삼일이라는 속담이 맞더군요. 사흘이 지나자 다시 도박을 하고 싶은 마음이 꿈틀거리더니 저로 하여금 도박장으로 떠밀더라구요. 결국 아내 앞에서 한 나의 다짐들은 한순간 물거품이 되고 말았습니다."

몇 분이 지났을까? 마지막으로 그는 이렇게 고백했다.

"그런데 이상한 일입니다. 제가 성경공부를 시작하고 예수님의 사랑을 체험한 후로는 손가락이 잘려나가는 아픔도 별 수 없었던 나의 도박 인생이 달라졌습니다. 완전히 도박으로부터 벗어난 것입니다."

 예화와 관련된 말씀

> 이런 것들은 자의적 숭배와 겸손과 몸을 괴롭게 하는 데는 지혜 있는 모양이나 오직 육체 따르는 것을 금하는 데는 조금도 유익이 없느니라(골 2:23).

16 | 도공

 한 전도사가 도자기 공장 지대에 사는 사람을 방문하였다. 그 사람은 젊었을 때는 신앙을 갖지 않은 사람이었다. 전도사는 그 집에 도착하여 유리 상자 속에 든 두 개의 꽃병을 보고 감탄하여 말했다.

"야! 참 멋있군요. 아주 귀한 것이겠지요?"

"그렇습니다."

"얼마면 파시겠습니까?"

주인은 고개를 저으며 전도사에게 말했다.

"이 세상 돈을 다 준다 해도 저 두 개의 꽃병은 절대로 팔 수 없습니다."

그리고는 이렇게 말했다.

"저는 몇 년 전만 해도 술주정뱅이에다 노름꾼이었지요. 말하자면 마귀에게 영혼을 맡겨 놓고 살았습니다. 그런데 어느 날 친구의 권유로 교회의 집회에 참석하고 집에 돌아오는 길에 쓰레기 더미에서 흙 한 무더기를 발견하게 되었습니다. 누군가가 쓸 데 없어서 버린 것이었지요.

 저는 그걸 집에 가져와 반죽을 하고 모형을 만들어 구워

보았습니다. 저는 쓸모없던 흙으로 두 개의 아름다운 꽃병을 만들었습니다. 그 날 저는 이런 생각을 했습니다. '내가 이런 일을 할 수 있다면 하나님께서도 나를 가지고 똑같은 일을 하실 수 있을 거야!' 그때부터 저는 제 자신을 하나님의 손에 맡기고 하나님께서 저를 새 사람으로 만들어 주시길 바랐습니다.

다시 말하면 하나님께서 그 쓰레기장의 흙무덤 같은 저를 아름다운 꽃병으로 만들어 주신 것입니다."

예화와 관련된 말씀

그런즉 누구든지 그리스도 안에 있으면 새로운 피조물이라 이전 것은 지나갔으니 보라 새 것이 되었도다(고후 5:17).

17 부활의 기쁜 소식

카우만 부인이 느긋한 마음으로 시카고의 한적한 거리를 걷고 있었다. 그때 어떤 집의 열려진 창문으로 십자가에 달리신 그리스도 그림이 보였다. 부인은 그림을 보는 순간 온몸에 전율이 느껴졌다.

이상한 힘에 묶인 것처럼 오랫동안 그 앞을 떠나지 못했다. 문득 옆에 누군가 있는 것을 느껴 돌아보니 한 소년이 정신없이 그림을 바라보고 있었다. 마치 십자가상의 그리스도 그림이 소년의 넋을 붙잡고서 놓지 않는 듯한 느낌을 그의 표정에서 읽었다. 부인은 대견한 생각이 들어서 소년의 어깨를 다독거리며 물었다.

"애야, 지금 네가 보고 있는 그림이 무엇인지 아니?"

"그럼, 할머니는 모르고 계십니까?"

소년은 부인이 그 그림이 무엇을 의미하는지 모르고 있다고 생각했는지 놀라움에 가득 차 이렇게 되물었다. 그러고는 그림에 대해 설명해 주었다.

"할머니, 저기 십자가에 못 박히신 분은 예수님입니다. 그 옆에 있는 사람은 로마 군인이고, 울고 있는 저 여인은 예수님의 어머니입니다. 저 병사들이 예수님을 죽였습니다."

부인은 그 그림 앞을 떠나고 싶지 않았으나 조용히 발길을 돌렸다. 얼마만큼을 갔을 때 소년이 숨을 헐떡이며 따라와서는 이렇게 말했다.

"할머니, 제가 가장 먼저 예수님이 부활하셨다는 것을 말해야 하는데 잊어버렸어요. 그래서 그 사실을 알려 주려고 이렇게 달려왔어요."

예화와 관련된 말씀

예수께서 이르시되 나는 부활이요 생명이니 나를 믿는 자는 죽어도 살겠고(요 11:25).

18 | 거듭나지 못한 마음

　러시아 우주 비행사인 가가린(Yurii A. Gagarin)은 1961년 4월 12일 보스토크 1호를 타고 1시간 29분 만에 지구의 상공을 일주함으로 인류 최초의 우주 비행에 성공했다. 그는 우주에서 지구를 바라본 감상을 이렇게 말했다.

　"지구는 푸른빛이었다. 하나님은 우주의 그 어느 곳에도 없었다."

　그러나 1971년 아폴로 15호의 승무원으로 달을 탐사한 미국의 우주 비행사 제임스 어윈(James B. Irwin)은 가가린과 달리 이렇게 말했다.

　"달나라에 있는 동안 나는 하나님을 아주 가까이서 체험했다."

　신자는 골방에서도 하나님을 느낄 수 있지만, 불신자는 온 우주를 돌아다닐지라도 하나님을 느낄 수 없다. 거듭나지 못한 사람의 마음은 완전히 굳은 마음이기 때문이다.

　히브리어 성경은 이 굳은 마음을 '돌의 마음'이라고 표현한다. 반면에 부드러운 마음은 '살코기의 마음'이라고 표현한다.

한 번 생각해 보라. 여러분의 손에 칼이 들려 있고, 여러분 앞에는 딱딱한 돌덩이와 부드러운 살코기 한 덩어리가 놓여 있다.

이 두 물건을 칼로 자른다면 어떤 일이 일어날까? 이처럼 거듭나지 못한 사람의 마음은 하나님에게 전혀 영향을 받지 않는 돌과 같은 마음이다.

- 「마음지킴」, 김남준

예화와 관련된 말씀

거역하는 자를 온유함으로 훈계할지니 혹 하나님이 그들에게 회개함을 주사 진리를 알게 하실까 하며(딤후 2:25).

19 | 어느 목사님의 회개

 그 목사님은 참 훌륭한 분이었다. 아침부터 밤까지 열심히 전도하고, 상담하고, 심방하고, 성실히 교회를 돌보았다. 그리하여 교회는 그 목사님 오시기 전보다 대 여섯 배나 부흥되었다. 목사님은 특별히 봄, 가을로 큰 바자회를 열고, 그 수익금으로 불우한 이웃을 크게 도왔다. 그 교회의 바자회는 우리 교계에서는 누구나 알아 줄 정도로 알차고 유명한 바자회였다. 그런데 그 목사님이 생사가 걸린 큰 병에 걸려서 병석에 누워 깊은 기도를 드렸다.

 자신의 삶과 목회를 돌아보면서 기도드리는 중 하루는 세미한 주님의 음성이 들렸다. "이 봐, 김 목사. 네가 새벽부터 밤까지 내 교회를 돌보느라고 수고 많았는데. 그 수고가 과연 나를 위한 것이었나? 아니면 네가 큰 교회 만들어서 남들 앞에 보란 듯이 자랑하고 싶어서 그렇게 했나?" 그 목사님이 가만히 돌아보니 주님이 아니라 자기 자신을 위한 목회였다. 목사님은 크게 회개하였다.

 "이 봐, 김 목사. 네가 바자회 열어 불우 이웃을 도운 거, 그거 정말 불우 이웃을 위하여 한 거야? 아니면 너 유명해

지려고 한 거야?" 가만히 돌아보니 그것도 불우 이웃이 못 견디게 불쌍해서 한 일이라기보다 자기 이름 내려는 프로그램이었다. 그 목사님은 눈물로 회개하였다.

"이 봐, 김 목사. 그러면 네가 나를 위하여 한 것이 무엇이 있는가?" 아무리 생각해도 주님을 위하여 한 일이 아무 것도 없었다는 것을 깨달았다.

"주님, 너무 죄송하고 부끄럽습니다. 그렇지만 주님, 그래도 제가 주님 앞에 기도드린 일은 있지 않습니까?"

"이 봐, 김 목사. 맞아. 네가 한 일 중 가장 귀한 일은 목회도 아니고, 바자회도 아니고, 네가 내 앞에 엎드려 기도한 일이야." 그 목사님은 문병 온 후배 목사에게

"이봐, 이 목사. 다른 거 말고 그저 기도 많이 하는 목사 되도록 해, 알았지!" 라고 하였다.

 예화와 관련된 말씀

그러므로 너희가 회개하고 돌이켜 너희 죄 없이 함을 받으라 이같이 하면 새롭게 되는 날이 주 앞으로부터 이를 것이요(행 3:19).

20 | 날마다 죽노라

 농촌에서 짧은 시간에 목돈을 마련하는 방법은 누에치는 일이라고 생각한다. 정확하게 씨로부터 부화를 해서 고치를 따서 출하하기까지 30일이면 작업이 끝나는 일이다. 매우 힘이 들고 어려운 듯 하지만 해마다 봄과 여름철에 누에고치를 생산하는 일은 수고한 보람이 있었다.

 누에는 5령이라는 이름을 부르는 시기까지 온도와 습도, 그리고 먹이를 시간에 맞추어 보살펴 공급하지 않는다면 실패를 하는 어려운 일이다. 특별히 누에가 잠을 자는 모습을 살펴보면 그렇게도 열심히 뽕잎을 먹고 부지런하던 누에가 머리를 들고 가만히 멈추어 있다.

 만 하루 동안 가만히 있다가 마지막 순간의 모습을 보면 먼저 입마개가 떨어져 나가고 그 작은 구멍으로 몸이 빠져나오는 모습을 보게 된다. 너무도 힘들어 보이지만 전심전력하여 빠져 나오게 되면 누에는 잠자기 전보다 상당히 성장한 모습을 보게 된다.

 그러나 힘이 약하거나 병든 누에는 잠을 자고 난 다음에 입 마게는 떨어졌어도 몸이 그 작은 구멍을 빠져 나오지 못하여 결국은 살지 못하고 죽어가는 모습을 볼 수 있다. 한 달 동안 누에는 다섯 차례나 이러한 힘겨운 잠을 잔 후에 껍질을 벗는 일을 하는데 이 모든 과정을 정상적으로 치뤄야 고치를 짓고 나방이 되어 짝짓기를 하고 알을 생산하는 성공적인 생애를 살아간다.

마찬가지로 우리 인생살이를 살펴보면 날마다 거듭나는 생애를 살아야 한다. 거듭나는 일은 날마다 죽는 것과 같은 경험을 체험하여야 한다. 어제의 일들을 뒤로하고 새로운 생애를 살아가려면 어렵게만 느껴지던 힘난한 시험들을 오직 믿음으로 하나님의 권능을 힘입어 통과해야 한다.

여러 가지 이유로 이를 통과하지 못하면 중간에 멈출 수밖에 없는 실패한 생애가 된다. 누에의 모본을 통하여 나의 인생이 날마다 새로와지는 경험을 체험하자.

예화와 관련된 말씀

그런즉 누구든지 그리스도 안에 있으면 새로운 피조물이라 이전 것은 지나갔으니 보라 새 것이 되었도다(고후 5:17).

21 | 용서와 회개

세상에서 가장 하기 힘든 일 두 가지가 있다.

첫째는 미운 사람을 사랑하고 용서하는 것이다. 내게 공격을 퍼붓는 사람에게 관용과 미소를 보내기는 정말 어렵다. 미국의 토마스 제퍼슨 대통령의 서재에는 이런 글이 적혀 있었다.

"화가 나면 열을 세라. 남을 죽이고 싶으면 백을 세라."

사람은 감정의 동물이다. 간디의 인생교훈도 인내에 초점이 맞추어져 있었다.

"내가 지금 화가 나 있다면 이미 옳은 길에서 떠나 있는 것이다."

영어의 화(anger)는 위험(danger)에서 한 글자가 빠진 것이다.

두 번째는 편안하고 행복한 삶 중에 자신의 죄를 회개하고 신앙생활을 시작하기가 어렵다. 죄가 드러날 때 고백하는 것은 회개가 아니라 '자백'이다.

회개란 자발적인 것이다. 아무도 내 죄를 알지 못하고 추궁하지도 않을 때 잘못을 고백하는 것이 바로 신앙이다.

회개란 벌을 두려워하는 것이 아니라 하나님의 용서에 대해 감격하는 것이다.

'용서'와 '회개'는 성숙한 인간을 만드는 가장 좋은 재료다.

 예화와 관련된 말씀

화 있을진저 고라신아 화 있을진저 벳새다야 너희에게 행한 모든 권능을 두로와 시돈에서 행하였더라면 그들이 벌써 베옷을 입고 재에 앉아 회개하였으리라(마 11:21).

22 | 신앙 점검

'하늘에 계신'이라고 하지 말라. 세상일에 빠진 당신.

'우리'라고? 너 혼자만 생각하지 않는가.

'아버지?' 과연 아들과 딸로서 살아가고 있는가?

'이름이 거룩히 여김을 받으시오며' 하지 말라. 자기 이름만 빛내기 위해 노력하지 않았는가.

'아버지 나라가 임하옵시며'라고 하지 말라. 물질 만능의 나라를 원하면서….

'아버지의 뜻이 하늘에서 이룬 것 같이 땅에서도 이루어지이다'도 하지 말라. 너는 네 뜻대로 되기를 기도했다.

'오늘날 우리에게 일용할 양식을 주옵시고'라고 하지 말라. 가난한 자를 본 체 만 체 했던 너였다.

'우리가 우리에게 죄지은 자를 사하여 준 것 같이?'

아직도 누구를 미워하고 있지 않은가.

'우리를 시험에 들게 하지 마옵시고?' 죄지을 기회만 찾는 당신.

'다만 악에서 구하옵소서?' 악을 보고도 아무런 양심의 소리를 듣지 못하는 너였다."

이 글은 우루과이 성당 벽에 씌여 진 것이다.

우리 성도들도 한 번쯤 성찰할 필요가 있다. 삶의 실천이 없는 주기도문은 아무 소용이 없다.

늘 자신을 돌아보고 죄에서 떠난 삶으로 우리의 생활을 옮겨야 하리라.

예화와 관련된 말씀

내가 의인을 부르러 온 것이 아니요 죄인을 불러 회개시키러 왔노라(눅 5:32).

너희는 스스로 조심하라 만일 네 형제가 죄를 범하거든 경고하고 회개하거든 용서하라(눅 17:3).

23 | 윗필드의 '삶의 점검표'

첫째 : 개인 기도에 열렬하였는가?
둘째 : 작정해 놓은 기도시간에 기도하였는가?
셋째 : 매 시간 부르짖었는가?
넷째 : 대화하거나 행동하기 전이나 후에 나 자신이 행하려는 것이 하나님께 어떻게 영광 돌릴 수 있을지에 심사숙고하였는가?
다섯째 : 기쁜 일이 있을 때 즉시 하나님께 감사하였는가?
여섯째 : 하루의 일과를 미리 계획하는 일을 잊지 않고 했는가?
일곱째 : 모든 일에서 순수하였고 또한 반성해 보았는가?
여덟째 : 내가 행할 수 있는 선한 일을 감당하거나 행할 때 뜨거운 열심히 있었는가?
아홉째 : 말하거나 행할 때 온유하고 명랑하고 붙임성 있는 태도를 견지하였는가?
열 번째 : 다른 이들에 대하여 교만하거나 허탄하게 굴거나 참지 못하거나 투기하지는 않았는가?
열한 번째 : 먹고 마실 때마다 자신을 돌아보며 감사한 마

음을 가졌는가? 잠자는 일에서 절제가 있었는가?

열두 번째 : 윌리엄 로의 규칙에 따라 하나님께 감사하는 일에 시간을 드렸는가?

열세 번째 : 연구하는 일에 부지런 하였는가?

열네 번째: 다른 사람에 대하여 불친절하게 생각하거나 말하지 않았는가?

열다섯 번째 : 나의 모든 죄를 고백하였는가?

 예화와 관련된 말씀

만일 하루에 일곱 번이라도 네게 죄를 짓고 일곱 번 네게 돌아와 내가 회개하노라 하거든 너는 용서하라 하시더라(눅 17:4).

24 | 눈물 앞에 뉘우침

　옛날 일본에도 '양관화상'이라는 저명한 승려가 있었다. 어느 날 불량한 아들 때문에 속을 썩이던 아버지가 스님을 찾아와 말하였다.

　"제 아들놈이 도무지 아비의 말을 듣지도 않거니와 매사에 엇나가기만 하니 저의 힘으로는 도저히 가르칠 수가 없사오니 스님께서 저의 집에서 침식을 같이 하시면서 아들로 하여금 보고 깨달아 사람이 되게 해주십시오."

　스님은 그 아비의 부탁을 받아들여 그 아들과 함께 한 방에서 기거 하였다. 하루 이틀이 지나가고 두 주일이 지나도 스님의 꾸중이 한마디도 없자 그 아들은 나쁜 짓만을 계속하고 뉘우치는 구석은 찾을 수가 없었다.

　한 두 달이 지나가도 스님은 역시 침묵뿐이고 아들은 조금도 나아지는 구석이 보이지 않자 이제는 그 아비도 스님의 무관심과 침묵에 불만을 품게 되었다.

　그러는 동안 3개월이 지나자 스님이 이제는 집을 떠나 절로 돌아가기로 하였다. 스님이 돌아가신다고 하자 그 집 아들은 잔소리 한마디 듣지 않은 것에 대해 의아하게 생각하며 마지막으로 스님을 전송하리라 마음먹었다. 스님이 신발 끈을 매다 말고 그 집의 아들에게 좀 도와 달라고 하였다.

그 아들은 허리를 구부려 신발 끈을 매고 있는데 이상하게도 손등이 뜨거웠다. 그 아들은 놀라 스님의 얼굴을 쳐다보니 그 스님의 두 눈에서 눈물이 떨어지고 있었다.

그 후로 그 집의 아들은 스님에게 감화되어 새 사람이 되어 바르게 살았다고 한다.

예화와 관련된 말씀

그들이 이 말을 듣고 잠잠하여 하나님께 영광을 돌려 이르되 그러면 하나님께서 이방인에게도 생명 얻는 회개를 주셨도다 하니라(행 11:18).

25 | 나는 그분이 그립습니다

척 템플턴이 자신이 이전까지 간직하고 선포했던 것들을 버리고 교회를 떠났다는 소식에 모든 그리스도인들이 경악했다.

그는 캐나다에서 가장 큰 신문사 둘을 경영하였고, 캐나다 방송사에서 영향력 있는 자리에 앉았다. 그리고 캐나다 수상에 입후보하기도 했다.

스트로벨은 템플턴의 최근 저서 「안녕 하나님, 내가 기독교 신앙을 버린 이유」를 읽고 나서 비행기를 타고 그를 만나러 갔다.

인터뷰가 끝나 갈 무렵 스트로벨은 템플턴에게 예수님에 대해 어떻게 생각하느냐고 단도직입적으로 물었다.

그러자 그 노인은 즉시 기세가 꺾였다. 그는 예수님에 대해 존칭을 쓰면서 "내가 보기에는 그분은 이제까지 존재했던 인간들 가운데 가장 중요한 분입니다." 라고 결론지었다.

그러고는 목소리가 고분고분해지면서 더듬거리며 "난…그분을…그리워합니다." 라고 말했다.

이 말과 함께 템플턴의 눈에서는 눈물이 쏟아졌고 어깨를 들먹이며 울었다고 스트로벨은 쓰고 있다. 우리는 죄인이지만 우리의 죄를 자백하면 주님의 보혈로 우리의 죄는 눈과 같이 희게 되어 진다.

그러나 그 자백이 없이 후회나 근심 속에 있다면 계속해서 죄인된 낙인이 찍혀 있을 뿐이다.

 예화와 관련된 말씀

내가 지금 기뻐함은 너희로 근심하게 한 까닭이 아니요 도리어 너희가 근심함으로 회개함에 이른 까닭이라 너희가 하나님의 뜻대로 근심하게 된 것은 우리에게서 아무 해도 받지 않게 하려 함이라(고후 7:9).

04
돌이켜 회개하고

주 여호와의 말씀이니라 이스라엘 족속아 내가 너희 각 사람이 행한 대로 심판할지라 너희는 돌이켜 회개하고 모든 죄에서 떠날지어다 그리한즉 그것이 너희에게 죄악의 걸림돌이 되지 아니하리라(겔 18:30).

01 | 거듭난 일곱 소년

 신학교를 가기 위해 면접 보던 날 있었던 일이다. 대전 학교 근처의 여관에 투숙을 하게 되었는데, 대부분 같은 입장의 사람들이었기에 자연스레 한 방에 모여 시간 가는 줄 모르고 서로 교제를 했다.

 이때 한 친구가 방에 지갑을 두고 왔는데 가져오겠다고 나갔다가 얼굴이 하얗게 질려서 급히 들어왔다. 사연인즉 도둑이 들어 지갑을 훔쳐갔다는 것이었다. 모였던 이들이 황급히 각자의 방으로 달려가 확인을 해보니 모두들 도둑맞은 것이었다.

 이때 먼저 나갔던 한 친구가 "입구를 막으시오." 외치고는 수상쩍은 사람이 옥상으로 뛰어 올라갔다 하면서 쫓아 올라갔다. 범인은 못 잡았지만 다행히 던지고 간 지갑을 찾았다. 범인은 다른 계단을 통해 아래층으로 내려갔지만 입구를 막았기에 건물을 빠져나갈 수 없었.

 그래서 여관집 주인과 함께 다른 방의 투숙객들을 조사하기 시작했다. 그랬더니 3층 구석진 방에 불량스럽게 생긴 십대소년 일곱 명이 무언가 불안하고 경계하는 눈빛을 하고 있었다. 한 눈에 이들이 범인임을 알고 윽박을 질렀더니 울면서 자기들이 훔쳤다고 순순히 실토하는 것이었다. 그래서 다행히 잃어 버렸던 지갑들을 모두 찾게 되었다. 여관집 주인과 일반 투숙객들은 노발대발하며 당장 전화를 해서 경찰에 넘기자 했다. 아이들은 사색이 되어 울면서 엎드려 용서를 빌었다.

이때 나는 "피해자는 우리니까 저희들에게 맡겨주십시오." 하고는 아이들과 상담을 했다. 개인적으로 만난 아이들은 그렇게 순진할 수가 없었다. 이윽고 나는 아이들과 다시 죄를 짓지 않겠다는 다짐을 한 후 "애들아 우리 하나님 앞에 예배를 드리자." 했다.

성경 말씀을 듣고 찬송을 부르던 아이들의 눈에 참회의 눈물이 흘렀다. 얼마나 서럽게 우는지 우리가 달래는데 진땀을 뺐다. 죄를 용서해 주시고 다시 새로운 삶의 기회를 주신 주님께 감사드리며, 모두들 교회 나갈 것을 다짐했다.

 예화와 관련된 말씀

거역하는 자를 온유함으로 훈계할지니 혹 하나님이 그들에게 회개함을 주사 진리를 알게 하실까 하며(딤후 2:25).

02 뭐든지 깨끗이 지우는 법

소비자 협회가 「거의 뭐든지 깨끗이 지우는 법」이라는 흥미 있는 제목의 소책자를 발간하였다. 이 책은 여러 종류의 얼룩을 어떤 세제를 이용하여 없앨 것인가에 대한 정보를 담고 있다. 항상 흘리고 묻히며 사는 나이기에 그야말로 나를 위한 책이라고 할 수 있다.

"글리세린이 볼펜 얼룩을 없애준다는 것을
알고 계셨는지요?
끓는 물이 딸기류의 얼룩을
없애 줄 수 있습니다.
꼬마들이 있는 부모들은 약간의 식초를 늘 가까운 곳에 두어 크레용의 얼룩을 제거하는 데 쓸 수 있습니다. 표백제가 곰팡이를 제거 할 수 있습니다. 레몬주스가 녹슨 얼룩에게 작은 기적을 행하기도 합니다."

나는 직접 이 모든 것들을 다 해보지는 않았지만 과학자들이 이러한 흔한 세제들을 시험해 보았을 것이다.

당신이 이 작은 책에서 찾을 수 없는 것은 어떤 것보다도 심각한 얼룩, 즉 죄로 인해 당신의 삶에 새겨진 얼룩을 제거하는 방법이다.

적대적인 말들과 수치스러운 행동으로 만들어진 깊고도 추한 얼룩들 말이다. 눈물이 그것들을 없애주지 않는다. 열정을 가지고도 없앨 수 없다.

때때로 우리는 우리가 삶을 살아가는 동안 죄들이 없어질 거라고 확신한다. 그러나 문득 어느 순간, 우리는 그 죄의 얼룩이 아주 깊게 배어있다는 것을 발견하게 된다. 성경은 우리가 무엇을 해야 하는 지 말해 준다.

"그 아들 예수 그리스도의 피가 우리를 모든 죄에서 깨끗하게 하실 것이요"(요일1:7).

그것이야말로 죄의 얼룩을 제거 할 수 있는 효과 있는 유일한 해결책이다.

 예화와 관련된 말씀

> 사람이 회개하지 아니하면 그가 그의 칼을 가심이여 그의 활을 이미 당기어 예비하셨도다(시 7:12).

03 | 해적 두목의 회개

옛날 로마시대 어거스트 황제 때의 이야기이다.

그때에 아주 포악한 해적 두목이 있었다. 그는 아주 악한 일을 많이 한 나쁜 사람이었다. 그러나 이놈을 잡을래야 잡을 길이 없었다. 그래서 로마 황제는 현상금을 걸었다.

"누구든지 그의 머리를 잘라 오는 사람은 많은 상을 주고 높은 벼슬을 주겠다."

그러나 잡아오는 사람이 없었다. 한 번은 어거스트 황제가 촌으로 순시를 하는데 어떤 건장한 사람이 왕 앞에 나와서 절을 하면서 하는 말이 "제가 해적 두목의 머리를 가져왔습니다. 그러니 제게 어떤 상을 주시겠습니까?"

이 황제가 깜짝 놀라면서, "네가 과연 그의 머리를 가져왔느냐?" 라고 물었다. 그는 자기 머리를 가리키며 "이 놈이올시다." 라고 말하면서 왕 앞에 꿇어 엎드려서 "이 몸이 많은 죄를 지었는데, 이 죄를 한 번만 용서해 주시면 이제 대왕의 충성된 종이 되겠습니다." 라고 간절히 호소했다.

그러니까 어거스트 황제는 그의 죄를 모두 용서해 주고 해군 장교로 삼았다고 한다. 그 사람은 열심으로 충성을 다하였으며 그 다음에는 로마 제국의 해군 사령관이 되었다.

죄의 삯은 사망이다. 그러나 우리 주 예수 그리스도 안에 있는 하나님의 은사는 영생이다.(롬 6:23)

이 은사를 받는 길은 죄를 회개하고 예수님을 내 구주로 믿고 온전히 내 생활을 바꾸는 것이다. 그럴 때에 죄가 더 한 곳에 은혜가 더욱 넘친다.(롬 5:20) 그러므로 우리가 회개하고 돌이켜 우리의 죄 없이 함을 받으라 이같이 하면 유쾌하게 되는 날이 주 앞으로부터 이를 것이다.(행 3:19)

 예화와 관련된 말씀

죄의 삯은 사망이요 하나님의 은사는 그리스도 예수 우리 주 안에 있는 영생이니라(롬 3:23).

04 잊음

 나는 미국에 있는 선배로부터 잊을 수 없는 아름다운 이야기를 들었다.

 그가 어느 대학의 강사로서 조교수를 하고 있을 때 그 대학에 한 훌륭한 노인 그리스도인이 강연을 했다. 그분은 경건하고 지성미 넘치는 그리스도인이었지만 그의 말은 지적 요소가 결함되었다. 무식한 그대로의 강연이었다.

 나의 선배는 강연을 끝내고 강당을 나오면서 자기가 가르치고 있던 학생들에게 큰소리로 웃으면서

 "싱거운 강연이었지. 부끄러움을 몰라도 정도가 있지." 하며 비판했다.

 그런데 그리스도인인 그가 그날 밤 기도하고 침대에 누우려할 때 그의 양심에 갑자기 괴로움이 왔다.

 "아, 나는 선생이란 입장에 있으면서 그렇게 무례하고 불경건한 비판을 했단 말인가!"

 그는 눈물을 흘리며 회개의 기도를 하고 바로 사과의 편지를 썼다. 며칠이 지나 그 성도로부터 편지가 왔다. 가슴을 죄이며 뜯어보니까 이렇게 기록되어 있었다.

"용서했습니다. 잊었습니다. 영원히!"

얼마나 아름다운 말인가?

하나님은 당신의 죄가 아무리 붉어도 양털같이, 눈과 같이 희게 해 주신다고 성서에서 말하고 있다.

예화와 관련된 말씀

주 여호와의 말씀이니라 이스라엘 족속아 내가 너희 각 사람이 행한 대로 심판할지라 너희는 돌이켜 회개하고 모든 죄에서 떠날지어다 그리한즉 그것이 너희에게 죄악의 걸림돌이 되지 아니하리라(겔 18:30).

05 로버트 모리슨 목사

스코틀랜드의 한 교회에 말썽꾸러기 소년이 있었다. 그는 고아였으며 성격이 난폭했다.

어느 날 교회학교 교사가 불쌍한 소년에게 옷 한 벌을 선물했다.

며칠 후 소년은 이 옷을 갈기갈기 찢어 쓰레기통에 던져버렸다. 교사는 그에게 다시 새 옷을 사주었다. 이번에도 몇 번 입어보더니 휙 던져버렸다. 사람들은 교회학교 교사에게 충고했다.

"저 아이는 구제불능입니다. 더 이상 사랑을 쏟을 필요가 없어요."

그러나 교사는 소년에게 세 번째로 좋은 옷을 선물하며 속삭였다.

"네가 옷을 버리는 것은 용서한다. 그러나 교회출석은 계속한다고 약속해다오."

결국 이 말썽꾸러기 소년은 예수를 영접하고 새사람이 됐다. 이 소년의 이름은 로버트 모리슨 목사이다.

그는 중국 선교사로서 '영·중국어사전'을 집필한 역사적

인물이다.

교육에는 인내가 필요하다. 특히 한 사람의 영혼을 변화시키려면 엄청난 희생과 인내를 감수해야 한다.

 예화와 관련된 말씀

주의 약속은 어떤 이들이 더디다고 생각하는 것 같이 더딘 것이 아니라 오직 주께서는 너희를 대하여 오래 참으사 아무도 멸망하지 아니하고 다 회개하기에 이르기를 원하시느니라(벧후 3:9).

06 | 예수님 사진

어떤 어머니가 학교의 기숙사에서 지내는 아들에게 생일날 한 상자의 선물을 보내며 그 속에 예수님의 사진도 하나 넣었다. 그 아들은 선물을 받고 감사하다는 편지를 했지만, 그 예수님의 사진에 대해서는 아무 말이 없었다.

얼마 후 그 어머니가 아들의 학교를 방문하게 되었는데, 아들은 어머니가 빨리 자신의 방에 들어가 보시도록 재촉했다. 아들의 기숙사 방에 들어간 어머니는 가장 눈에 잘 보이는 벽에 예수님의 사진이 걸려있는 것을 발견했다.

바로 어머니가 선물한 그 사진이었던 것이었다. 전에 그 자리에 걸려 있던 좋지 않은 사진들은 하나도 눈에 띄지 않았다. 어머니는 기뻤으나 조심스럽게 "애야, 이 방이 전보다 많이 달라졌구나. 카펫을 다른 것으로 바꾸었니?" 하고 물었다.

"아뇨."

"새 벽지를 발랐니? 내가 전에 왔을 때는 저 벽에 지금보다 더 많은 그림들이 붙어 있었던 것으로 기억하는데."

"그래요, 어머니. 하지만 저 예수님의 그림이 이 방에 들어온 후부터 다른 그림들은 전혀 어울리지가 않았어요."

그렇습니다. 그 아들의 방은 새로운 변화를 맞이했던 것이다. 예수님이 들어오신 집이나 개인에게는 하나의 혁명이 일어났다.

지금 당신의 방에는 어떤 그림들이 걸려 있는가? 거룩하신 예수님과는 도저히 어울릴 수 없는 것들을 집안에 버젓이, 혹은 비밀리에 보관하고 있지는 않는가?

예화와 관련된 말씀

그러므로 우리가 그리스도의 도의 초보를 버리고 죽은 행실을 회개함과 하나님께 대한 신앙과(히 6:1).

07 | 말썽꾸러기 소년의 변화

영국의 한 초등학교에 품행이 단정하지 못한 말썽꾸러기 소년이 있었다. 소년은 날마다 폭행을 일삼았고, 학교의 교칙도 전혀 지키지 않았다. 교장선생님은 소년의 어머니를 불러 퇴학을 통고했다.

"이 아이는 더 이상 교육이 불가능합니다."

어머니는 눈물을 흘리며 아들의 구제를 호소했다.

그러자 교장선생님이 말했다.

"그러면 어머니께서 아들의 행동에 대해 보증하시겠습니까?"

어머니는 대답을 못하고 머뭇거렸다.

그 말을 들은 톰이라는 소년이 손을 번쩍 들었다.

"제가 보증하겠습니다."

교장선생님이 다시 소년에게 물었다.

"보증이 무슨 뜻인지 알고 있느냐?"

"예, 제 친구가 잘못하면 제가 대신 해서 그 벌을 받는 것입니다."

톰은 소년을 데리고 옥상으로 올라갔다. 그리고 무릎을 꿇은 채 친구의 손을 잡고 기도를 올렸다. 결국 교장선생님은 톰의 보증으로 그 소년을 다시 받아들였다.

이후 난폭한 소년은 양순해졌다. 소년은 장성해 선교사가 되어 평생 아프리카에서 헌신했다. 바로 잡지 못할 사람은 아무도 없다. 다만 편견이 문제아를 만든다.

 예화와 관련된 말씀

내가 지금 기뻐함은 너희로 근심하게 한 까닭이 아니요 도리어 너희가 근심함으로 회개함에 이른 까닭이라 너희가 하나님의 뜻대로 근심하게 된 것은 우리에게서 아무 해도 받지 않게 하려 함이라(고후 7:5).

08 | 나는 죄인입니다

한경직 목사님은 1992년 4월 29일, 전세계 미디어들이 실황 중계하는 독일 베를린에서의 템플턴상 수상 이후 영락교회 주최로 열린 축하 연회에서 다음과 같이 참회의 고백을 하셨다.

"먼저, 나는 죄인임을 고백합니다. 나는 신사참배를 했습니다. 이런 죄인을 하나님이 사랑하시고 축복해 주셔서 한국 교회를 위해 일하도록 이 상을 주셨습니다."

한경직 목사님은 수백 명의 축하객들 앞에서 자신이 한평생 지녀온 영혼의 깊은 상처와 짐을 털어놓으며 머리를 숙이셨다. 일제하의 신사참배로 인한 죄의식을 평생 떨쳐버리지 못하다가 가장 영광스러운 자리에서 가장 수치스러운 고백을 한 사람이다.

그 정직한 용기야말로 신앙의 힘인 것을 믿는다. 신앙이란 죄를 짓지 않는 것이 아니라, 죄에 빠지지 않으려고 애를 쓰다가 불현듯 범하게 되는 죄과들을 뼈아프게 뉘우치며 정직히 고백하는 것이기 때문이다.

이 전에도 한 목사님은 이미 8·15 광복 직후에 영락교회의 교우들 앞에서 공개적인 참회를 한 바 있다고 한다. 그 참회가 템플턴상 수상식을 통해 전 세계 신앙인들의 마음을 다시 울린 것이다.

이토록 그분의 영혼을 늘 깨어 있게 만든 것은, 바울의 가시처럼 양심의 붉은 속살을 줄곧 찔러오는 신사참배의 아픈 기억이 아니었을까? 다른 모든 신앙의 위인들처럼, 그분도 자신의 약함을 숨기지 않으셨다.

예화와 관련된 말씀

유대인과 헬라인들에게 하나님께 대한 회개와 우리 주 예수 그리스도께 대한 믿음을 증언한 것이라(행 20:21).

09 | 고귀한 변화

　미국이 낳은 시인 롱펠로우(Longfellow, 1807-1882)가 허름한 종이 한 장을 집어서 거기에다 시를 한 편 썼다. 그 시 한 편은 곧 당시의 엄청난 금액인 6천 달러짜리가 되었다.

　이것을 가리켜서 인간의 천재적인 능력이라고 할 수 있을 것이다.

　세계적인 부호 록펠러가 종이 위에다 자기의 이름과 함께 몇 자를 적어 넣으면 그것은 백만 불짜리의 가치도 될 수가 있는 것이다. 이것이 곧 재산의 힘이라는 능력이다.

　미국의 재무성은 종이에다 인쇄를 하고 독수리의 표시를 찍어내어 놓아 그것이 백 달러짜리의 지폐가 되게 할 수 있다. 이것은 정부 권력의 힘이다.

　화가가 10달러를 주고 그림 그리는 캔버스를 하나 사서 거기에 의지하여 그림을 한 장 그리면 그것이 천 달러짜리 그림이 된다. 이것은 곧 예술의 힘이다.

　하나님께서 값도 없고 죄 투성이인 우리를 그리스도의 보혈로 정결케 하시고 거기에 성령을 부어 주시니 우리가 거룩한 새사람이 되고 천국 백성이 되었다.

이것을 하늘의 구원의 능력이라고 한다. 하나님의 능력으로 변화 받은 우리의 구원을 정말로 그 무엇보다도 소중히 여겨야 할 것이다

 예화와 관련된 말씀

그들이 이 말을 듣고 잠잠하여 하나님께 영광을 돌려 이르되 그러면 하나님께서 이방인에게도 생명 얻는 회개를 주셨도다 하니라(행 11:18).

10 | 마르틴 루터의 변화

마르틴 루터의 고민은 마음속에서 끊임없이 솟아오르는 근본적인 죄의 문제였다. 지금까지 범한 죄도 중요하지만 그보다 더 큰 문제는 하나님의 뜻을 따라 정결하게 충성하려는 그에게 끊임없이 찾아와 그의 정결을 깨뜨리며 주님께 충성하기보다는 썩어질 정욕을 만족시키고 싶어 하는 끊임없는 죄의 도전이었다.

과연 이렇게 본질적으로 썩어버린 인간에게도 소망이 있을까? 이러한 인간도 하나님 앞에 의롭다함을 받을 수 있을까?

마르틴 루터는 죄의 도전을 물리치기 위해서 기도도 많이 했으며 말씀 묵상 연구도 많이 했으며 저 유명한 28계단 성당의 계단을 무릎으로 올라가는 것도 시도했다. 그러나 그 속에서 샘솟는 죄의 정욕은 결코 이러한 루터의 노력으로 해결될 수 있는 어떤 것이 아니였다.

마르틴 루터는 로마서를 연구하다가 드디어 이러한 죄인에게 비추는 하나님의 빛을 발견하였다. 우리 하나님은 이러한 정욕의 사람, 죄악의 사람, 더러운 인간을 있는 그대로 받으시고 그들의 죄를 예수님의 몸에 담당시켰다.

불꽃같은 눈으로 인간을 살피시고 인간의 죄악을 미워하며 불로 심판하시는 하나님은 차라리 그 모든 심판을 하나님의 외아들 예수님께 내리시고 그 대신 심판 받아 멸망 받았어야할 인간도 용서하시고, 받아들여 자녀로 삼으시려는 놀라운 결단을 내리시고 그 일을 행하셨음을 몸으로 깨달아 알았을 때에 루터는 하나님께 무릎을 꿇지 않을 수가 없었다.

인간의 죄는 인간의 공로나 힘, 능력으로 어쩔 수 없다.

교황청이 죄의 용서를 빙자해서 죄를 용서받을 수 있는 면죄부를 판매한다는 것은 도무지 용납할 수 없었다.

루터는 드디어 1517년 95개조 반박문을 비텐베르크 설교회의 정문 앞에 걸어 놓았으며 종교개혁의 불씨를 당기게 된 것이다.

 예화와 관련된 말씀

> 내가 너희에게 이르노니 이와 같이 죄인 한 사람이 회개하면 하나님의 사자들 앞에 기쁨이 되느니라(눅 15:10).

11 | 오늘 회개하라

 우리가 또 하루를 더 살 것이라는 무슨 보증이라도 있는가? 우리는 빠르게 세상 밖으로 행진하고 있으며, 우리는 무대에서 사라지고 있다. 우리의 생명은 곧 꺼져버리는 작은 초 토막이며, 인간의 생명은 풀보다 더 빨리 시드는 들의 꽃에 비유된다(시 103:15). 우리의 인생은 없는 것과 같으며(시 39:5), 인생은 다만 날아가는 그림자에 지나지 않는다.

 몸은 그릇과 같다. 질병이 이 그릇에 구멍을 뚫고, 죽음이 이것을 비워 낸다. 아아, 얼마나 속히 장면이 바뀔 것인가! 허다한 처녀가 신부복과 수의를 같은 날 입고 있었다. 그렇다면 죽음이 갑자기 우리를 습격할지 모르는데 회개하는 일을 연기하는 것은 얼마나 위험한가. 당신은 내일 회개하겠노라 말하지 말라. 아퀴나스가 한 말을 기억하라. 회개하는 자를 용서하시는 하나님은 그에게 회개할 내일도 주신다고 약속하지 않으셨다고 했다.

 나는 라케다이몬(스파르타의 초대 이름) 사람인 아르키아스에 대한 글을 읽은 일이 있는데, 그가 술을 마시고 있을 때 한 사람이 편지를 전해주며 중대사인 만큼 당장 그 편지를 읽어보시기를 바란다고 하였다. 그는 "내일에..."라고 대답하였는데, 그날로 그는 죽임을 당하였다. 이와 같이 사람들이 자기의 은실을 자아내는 동안 죽음이 이것을 끊어 버리는 것이다. 올라우스 마그누스(스칸디나비아의 관습과 민속에 대하여 글을 쓴 16세기 스웨덴의 성직자)는 다른 어느 나라의 새들보다 더 빠르게 나는 노르웨이의 새들을 관찰하고 있다. 그 새들은 그 지역에서는 다른 새들보다 더 민첩하다는 것이 아니라 그 새들은 그 지역에서는 낮 시간이 3시간도 채 못 되게 짧다는 것을 타고난 본능으로 알고 있으며 따라서 그만큼 더 빨리 서둘러 둥지로 돌아간다는 것이다.

이와 같이 우리도 우리 일생의 짧음과 얼마나 신속히 우리는 죽음에게 불러냄을 당할지 모른다는 것을 알고 그만큼 더 빨리 하늘나라로 행해 회개의 날개를 타고 날아야 할 것이다. -「회개」, 토마스 왓슨

예화와 관련된 말씀

> 너희가 아는 바와 같이 그가 그 후에 축복을 이어받으려고 눈물을 흘리며 구하되 버린 바가 되어 회개할 기회를 얻지 못하였느니라(히 12:17).

12 사라진 복수심

　미국 애리조나 주의 피닉스에 사는 한 남자는 실수로 죄를 짓고 감옥에 들어가게 되었다. 그는 감옥에 있으면서 마음속에 복수심만을 키워왔다.
　'출옥만 하면 나를 체포했던 형사들을 죽이고야 말겠어.'
세월이 지난 그는 형기를 다 채우고 감옥에서 나왔다.
그는 집으로 돌아와 아이들을 보면서 '나는 이제 사람을 죽이고 다시 감옥에 가겠지만 아이들만은 믿음으로 깨끗하게 자라도록 해야지.' 라고 생각하고 아이들을 데리고 동네 교회로 갔다.
　그날은 마침 톰슨 목사의 부흥회가 열리고 있었다. 설교 중에 "하나님은 아직도 당신을 사랑하십니다." 라는 말에 그는 은혜를 받아 그동안의 복수심을 접고 지난 자기의 모습을 회개하였다.
　그리고 그는 앞으로 나아가 목사님과 성도들 앞에서 눈물을 흘리며 이렇게 고백 하였다.
　"목사님, 그리고 성도 여러분, 오늘 저는 사람을 죽이려고 권총을 들고 교회에 나온 악한 사람입니다.

하지만 오늘 말씀을 듣고 이런 나도 하나님께서 사랑하고 계신다는 것을 깨달았습니다. 이제 그동안 품고 있었던 복수심을 접고 회개하고 새사람이 되겠습니다."

그는 그 날로 새사람이 되었다. 구원을 받음으로써 복수심이 사라지고 모든 것이 변화된 것이다.

예화와 관련된 말씀

심판 때에 니느웨 사람들이 일어나 이 세대 사람을 정죄하리니 이는 그들이 요나의 전도를 듣고 회개하였음이거니와 요나보다 더 큰 이가 여기 있느니라(눅 11:32).

13 | 위대한 사람

 영국의 쥬엘(Jewel, John 1522-1571) 감독은, 천주교의 핍박을 면하기 위하여 믿던 진리를 취소한 일이 있었다. 그러나 그가 망명 중에, 어떤 교회에서 설교하다가 많은 눈물로 회개하였다. 그리하여 그의 인격은 전보다 더욱 거룩해져, 교인들은 그를 천사와 같이 생각했다는 것이다. 세상에서 회개와 같이 아름다운 것은 없다. 죄를 짓지 않는 사람보다 회개할 줄 아는 사람이 더 위대한 사람이다.

 어느 유치원 선생님이 어머니들을 초청하여 종이 한 장씩을 나누어주고 질문을 했다.

 "지금 유치원에 다니고 있는 당신의 어린 자녀가 자라서 장차 어떤 사람이 되기를 바라십니까? 나누어 드린 종이에 그것을 써 주십시오."

 그랬더니 이를테면 기술자, 학자, 의사, 판검사, 교사 등 어머니들은 모두가 한 가지씩 바라는 인물상을 밝혀 주었다. 그런데 한 어머니가 좀 색다른 대답을 했다.

 "미안합니다. 제 잘못입니다. 하고 말할 줄 아는 사람이 되기를 바랍니다."

이 어머니가 가장 큰 인물을 소원한 것이라고 그는 생각했다고 한다. 큰 사람이라야 그런 말을 할 수 있기 때문이다. 미안하다든가 내 잘못이라고 말하기는 그만큼 어려운 일이다. 인간의 궁극적인 관심사는 두 가지이다. 하나는 죽음의 문제요, 하나는 죄의 문제이다. 죽음의 문제에 관심을 가지기 시작했다면 철이 난 것이다.

비로소 인간이 되어 가고 있는 것이다. 그리고 죄의 문제를 어떻게 해결 할 것인지, 즉 죄사함의 문제에 관심을 가지면 그것이 바로 종교인이 되는 길이다. 넘어지지 않는 사람보다 넘어졌다 다시 일어서는 사람이 위대한 사람이다. 우리는 악한 길에서 떠나 회개하는 위대한 사람이 되자.

예화와 관련된 말씀

허물의 사함을 받고 자신의 죄가 가려진 자는 복이 있도다 마음에 간사함이 없고 여호와께 정죄를 당하지 아니하는 자는 복이 있도다 내가 입을 열지 아니할 때에 종일 신음하므로 내 뼈가 쇠하였도다(시 32:1~3).

14 | 진정한 변화

 일본에 호지 유태랑이라는 소년이 있었다. 이 소년은 얼마나 성질이 사납고 포악하였던지 나이 18세 때에 살인, 강간, 방화의 끔찍한 죄를 저지르고 도망갔다가 경찰에게 붙들려 판사로부터 무기 징역형을 받아 수감되었다.

 무기징역형을 받은 그는 날마다 탈옥할 궁리만 하고 탈옥을 하면 자기에게 형을 준 판사에게 보복을 할 생각만을 골똘히 하고 있었다.

 그러던 어느 날 옥중에서 어떤 청년에게 전도를 받게 되었다. 전도 받은 그는 자기가 비로소 흉악한 죄인임을 깨닫고 회개를 하게 되었다.

 회개하고 예수를 구주로 영접한 그는 물세례와 불세례를 함께 받는 새사람이 되었다. 새사람이 된 그는 그때부터 새로운 인생관을 가지게 되었는데 그것이 곧 남을 위해 봉사하며 사는 그리스도인의 생활이었다.

 어느 날 그는 감옥에서 어떤 죄수가 심한 종기로 고생을 하고 있는 것을 보게 되었다. 호지 유태랑은 그 죄수에게 다가가서 입으로 그 종기들을 다 빨아내 주었다.

이것을 본 많은 죄수들은 마음에 큰 감동을 받아 너도나도 모두 예수 그리스도를 영접하게 되었다. 그리하여 감옥 안은 금세 용광로 불이 타오르는 듯한 부흥사경회 장소가 되었다.

그리하여 200명도 더 되는 죄수들이 기독교인으로 탈바꿈하였고, 급기야는 기독교를 탄압하던 일본 정부도 이 감옥 안의 교회만은 특별히 예외 사항으로 규정하여 종교 집회를 허락하는 특례를 베풀게 되었다. 정말로 한 사람의 진정한 변화는 이처럼 많은 사람의 변화를 불러일으키는 기폭제가 되는 것이다.

 예화와 관련된 말씀

주의 약속은 어떤 이들이 더디다고 생각하는 것 같이 더딘 것이 아니라 오직 주께서는 너희를 대하여 오래 참으사 아무도 멸망하지 아니하고 다 회개하기에 이르기를 원하시느니라(벧후 3:9).

15 저드슨의 회심

　미국의 최대의 설교사로 알려지는 저드슨의 대학 시절이었다. 그는 뉴 잉글랜드의 조합 교회 목사의 가정에서 태어났지만, 대학 재학 중, 무신론자 친구와 사귐으로써 마침내 신앙을 멸시해 버리게 되었다. 따라서 졸업 후에는, 그의 꿈꾸던 극적인 삶을 시작해 보려고, 부모의 만류도 뿌리치고 방탕의 길을 떠나게 되었다.

　여행 도중, 한 여관에 들었을 때, 바로 옆방에서 갑자기 몹시 신음하는 소리가 들려오더니, 드디어는 절망의 비명을 지르면서 숨 쉬는 소리가 들려왔다. 그 밤 그는 생각하였다.

　자기도 죽음의 막다른 골목에 빠진다면, 의지할 곳 없어 저렇게 비명을 지를 수밖에 없겠구나 하는 생각이 들 때, 무서워져 한 밤을 고민으로 새웠다.

　그런데 다음날 아침 그의 고민은 한 층 더 견딜 수 없는 것이 되었으니, 어제 밤에 그 비명과 함께 죽은 사람이 바로 머리가 민첩하고, 재주가 출중했던 무신론자인 자기의 친구다.

　그는 여행을 그 이상 계속할 수 없이 되었을 뿐 아니라, 무서운 번뇌를 가지고 집으로 돌아오게 되었다. 헤매던 그는 드디어 앤드버 신학교로 향했다.

여기서 그는 기쁨과 평강을 얻을 수가 있었다.

언제나 무신론은 일이 잘 될 때, 평안한 때나 힘이 있는 것이고, 죽음에 처했을 때는 무색하다.

예화와 관련된 말씀

그러므로 회개에 합당한 열매를 맺고 속으로 아브라함이 우리 조상이라 말하지 말라 내가 너희에게 이르노니 하나님이 능히 이 돌들로도 아브라함의 자손이 되게 하시리라(눅 3:8).

16 | 회개하는 마음

조지 잉글은 그가 쓴 책 「주님의 신조」에서 이렇게 말하고 있다.
"사람의 일생에는 세 번의 '회개하는 마음'이 있다. 그리스도에게 회개하는 마음, 교회에 회개하는 마음, 그리고 이 세상에 회개하는 마음이다." 이것은 매우 날카롭고도 진실 된 말이다.

회개하는 마음의 첫 번째 단계는 자신으로서는 도저히 할 수 없는 것을 예수 그리스도가 대신 해 주신다는 것을 확실히 믿고 아는 것이다. 회개하는 마음의 두 번째 단계는 같은 경험을 가지고 있고, 또 같은 신념을 공유하고 있는 사람들과의 교제에 참여하는 특권과 책임을 자신에게 주셨다고 확신하는 것이다.

회개하는 마음의 세 번째 단계는 회개가 자신을 위한 것만이 아니고, 또한 성도들과의 교제에 참여하기 위한 것만이 아니고, 이 세상의 죄와 괴로움과 슬픔을 걸머지고 마음에 받아들일 책임이 있다고 의식하는 것이다.
이러한 3단계의 기준에 비추어 볼 때, 그리스도인은 자신의 회개가 어느 곳에서, 어떻게 부족한가를 알 수 있게 될 것이다. 그러나 기억해야 할 것은 예수 그리스도를 인생의 중심에 두지 않고 회개하는 마음은 불충분하다는 사실이다.

그리스도인을 가장 간단하게 규정하면 "자기 입으로 예수 그리스도를 주"라고 시인하는 사람이다(롬 10:9). 미래의 인생에 직면하는 마음 자세에 대해 허버트 버터필드가 한 말은 좋은 충고이다.

"그리스도와 굳게 관계를 맺어라. 그 외의 일에 대해서는 완전히 자유로워져라."

 예화와 관련된 말씀

네가 만일 네 입으로 예수를 주로 시인하며 또 하나님께서 그를 죽은 자 가운데서 살리신 것을 네 마음에 믿으면 구원을 받으리라(롬 10:9).

17 | 회개하기 전에는

 대통령을 지낸 분들은 대부분 정적(政敵)이 다 있다. 미국의 대통령 리챠드 닉슨 전 대통령에게도 아주 골치 아픈 정적이 있었다. 그가 바로 부통령을 지낸 적이 있는 허버트 험프 상원 의원이다.

 이 두 사람도 오랜 정치적인 무대에서 심각한 정적으로 서로 대통령이 되려고 다투었던 사람이고 서로 심한 충돌도 있었고 상처도 많이 받았던 사이였다.

 험프리가 죽기 삼일 전, 그가 존경하기도 하며 친한 친구로 있는 제시 젝슨 목사에게 "내가 닉슨에게 풀어야 할 문제가 있어. 그를 꼭 불러주게." 라며 닉슨을 좀 불러달라고 부탁을 했다.

 그래서 잭슨이 닉슨에게 연락하여 이 두 사람이 만나게 되었다. 두 사람이 병상에서 만나 험프리가 닉슨에게 과거 자신의 잘못을 고백하며 용서를 구했다.

 "나를 용서해 주게. 그래야 내가 편안히 하나님 앞에 설 것 같아." 그때 닉슨도 "자네만 그런 게 아니야. 나도 자네에게 너무나 많은 상처를 줬어. 우리 서로 용서하고 서로 용서 받기를 바라네."

이 두 사람은 병상에서 서로 서로 용서의 기도를 올리면서 통회의 눈물을 흘렸다고 한다. 험프리가 닉슨에게 한 말 중에는 상당히 영적인 말이 있다. 평소에 정치하면서 한 모함의 말이 이제 그가 하나님 앞에서 죄가 된다는 것을 깨닫게 되었다는 것이다. 그것이 죄가 됨을 깨닫고는 '내가 이 죄를 용서받아야만 한다.' 갈구가 일어난 것이다.

나의 행위가 죄라는 인식이 없으면 용서받아야 한다는 갈구가 일어나지 않는다. 내 얼굴에 묻은 오물이 더럽다는 것을 알아야 씻을 마음이 나는 것처럼 나의 행위가 죄라는 것을 알아야만 하나님 앞에 용서받을 영적인 갈구가 일어나는 것이다.

 예화와 관련된 말씀

이르시되 때가 찼고 하나님의 나라가 가까이 왔으니 회개하고 복음을 믿으라 하시더라(막 1:15).

18 | 자백의 다리

옛날에 사이가 좋지 않는 두 농부가 있었다. 두 농장 사이에는 본래부터 골짜기가 있었다. 그런데도 두 농부는 서로 상대가 싫다는 표시로 골짜기의 자기편 쪽에 통나무로 담장을 쌓아 상대가 접근하지 못하게 했다. 세월이 흘러 이쪽 농부의 딸이 저쪽 농부의 아들을 만났다. 둘은 사랑에 빠졌다.

아버지들의 어리석음 때문에 사이가 멀어져서는 안되겠다고 결심한 그들은 담장을 헐어 그 나무로 골짜기 위에 다리를 놓았다.

자백이 그런 것이다. 자백한 죄는 다리가 되고, 우리는 그 다리를 건너 하나님의 임재로 다시 들어갈 수 있다. 땅을 갈면 밭이 비옥해지듯 자백은 영혼의 토양을 비옥하게 한다. 파종하기 전 농부는 땅을 손본다. 자갈을 골라내고 잡초를 뽑아낸다. 그는 준비된 땅에서 씨앗이 더 잘 자란다는 것을 안다.

자백이란 하나님이 오셔서 걸으시도록 그분을 우리 마음밭에 모시는 행위이다.

"아버지, 여기 탐심의 바위가 있습니다. 제 힘으로 꿈쩍도

안합니다. 저 담 옆의 죄책감의 나무는 뿌리가 길고 깊습니다. 씨를 뿌리기에는 너무 푸석푸석한 마른 땅도 있습니다."

마음의 토양이 가지런히 골라진 곳에서 하나님의 씨는 더 잘 자란다.

그래서 아버지는 아들 예수님과 함께 우리 마음 밭을 걸으신다. 땅을 파고 잡초를 뽑아서 열매 맺을 마음으로 준비시킨다. 자백은 영혼의 밭갈이에 아버지를 모시는 일이다. 사면은 잘못을 부인하며 무죄를 주장하지만, 자백은 잘못을 인정하고 용서를 구한다. 자백을 통해 우리가 구하는 것은 사면이 아니라 하나님의 용서이다.

 예화와 관련된 말씀

이 때부터 예수께서 비로소 전파하여 이르시되 회개하라 천국이 가까이 왔느니라 하시더라(마 4:17).

19 | 지도자들의 회개

아이가 혼자 제 방에서 장난감벽돌을 가지고 이것을 높이 쌓으면서 놀고 있었다. 아버지가 밖에서 들어와 이 아이의 방에 들어갔다. 관심을 보이느라고 아이가 하고 있는 일을 유심히 들여다보았다. 아버지가 옆에 있는 것도 모르고 열심히 **벽돌쌓기**를 하고 있는 아이를 보고 "너 지금 뭘 하고 있는 거니?" 하고 물어보았다. 그랬더니 이 어린아이가 뒤돌아보면서 손가락을 입에 갖다 대었다.

"쉿! 조용히 하세요, 아빠. 지금 교회를 짓고 있어요."

아버지는 깜짝 놀랐다. 늘 이 어린 손을 잡고 교회에 다니기는 했지만, 교회에 갔을 때마다 떠들어서 조용히 하라고 주의시킬 정도로 이 아이는 늘 말썽이었는데 이만큼이나 믿음이 생겨 있구나 싶은 것이 자못 대견스러워서 한마디 더 물었다.

"애야, 교회에서는 왜 조용히 해야 되느냐?"

아이의 대답은 뜻밖이고 걸작이었다.

"아빠도 참. 교회에서는 조용해야지요. 사람들이 다 잠들었으니까요. 떠들면 모두들 깨잖아요!"

어린아이를 데리고 교회 나가는 것까지는 좋았는데 갔을 때마다 이 아버지는 잤던 것이다. 아이가 이걸 보아왔으니 저런 대답을 할 수 밖에 없는 것이다. '교회는 가서 조용히 자는 곳이다. 그러니 떠들지 말아야 된다.'라고 생각해온 것이다.

언제나 그랬듯이 세상 모든 문제는 다 사람의 문제이다. 물론 제도나 법의 문제일 수도 있고 상황이나 환경의 문제일 수도 있지만 사실은 다 삶의 문제요, 지도자들의 문제인 것이다.

예화와 관련된 말씀

예수께서 권능을 가장 많이 행하신 고을들이 회개하지 아니하므로 그 때에 책망하시되(마 11:20).

20 | 러시아의 한 깡패의 회심

티코미로프는 소년 시절에 부모와 함께 농업하기에 좀 더 유망한 곳을 찾기 위해 유럽에서 시베리아로 이주해왔다. 오랜 여행 끝에 그의 부모는 콜레라로 죽었고 그 소년도 쓰라린 고생 끝에 도적떼의 일원이 되었다.

8년 간 그들은 농사짓는 이웃 사람들을 공포에 떨게 했다. 어느 날 그 일당은 두 사람을 죽이고 그들의 모든 소유를 가져가버렸는데 그 중엔 두 책이 있었다. 그 중 하나가 신약성경이었다. 그날 밤 숙소에 누워 로마서 3:15, 18을 들쳐 읽게 되었다. 또한 그는 신약성경의 앞면에 씌여진 글을 주시했다.

"1898년 5월 15일 주님께 회개함으로 중생을 체험하다. 그날 주님은 내 죄를 용서하시고 거룩한 보혈로 나를 씻어주셨다."

그는 읽고 또 읽었다. 누가복음의 십자가의 두 강도의 이야기는 그를 강하게 사로잡았고 그는 죄악 된 생활을 청산하기로 결심했다. 일이 이렇게 되자 다른 일곱 명도 그와 함께 자수하는데 동의했다. 그 후 이 도적들은 10년의 중노동

형을 받았고 그는 시베리아에 있는 백칼 해 건너편으로 보내졌다. 몇 년이 지나 국가의 경축일에 그는 사면을 받았다. 그는 걸어서 소련에 돌아갔다. 오는 도중에 그는 많은 신자를 얻게 되었다. 그가 간증한 장소에서는 부흥이 일어나 많은 사람이 그리스도께 돌아왔다. 그는 소스노우카에 돌아와서도 계속하여 복음 전하는 일에 힘썼다.

그러나 이것은 소련 성직자들의 반대를 불러 일으켰다. 그는 다시 구속되었고 1년간 감옥에서 감옥으로 전전했다. 그 후 다시 그는 이단을 믿는다는 이유로 2년간 시베리아로 귀양 보내졌다. 여기에서도 다시 그는 하나님 말씀을 전하는 목사가 되었다.

예화와 관련된 말씀

그러므로 내가 스스로 거두어들이고 티끌과 재 가운데에서 회개하나이다(욥 42:6).

21 은행에서는 몰라도

빌리 선데이는 부흥회에 현대적 기획 광고 음악을 동원한 대중 집회를 실시하여 크게 성공한 사람이었다. 유년 시절 그는 아버지와 사별한 후 고아원에서 자랐고, 14세 때부터 학교에서 급사로 일했다. 추운 겨울이 되면 새벽 2시에 일어나 10개의 석탄 난로를 피워야 했다. 그때 그의 월급은 25달러였다.

어느 날 그는 월급으로 받은 25달러의 어음을 현금으로 바꾸려고 은행에 갔다. 어음을 내밀자 무슨 착각을 했는지 담당 직원은 40달러를 주었다. 선데이는 깊이 생각하지 않고 호주머니에 슬그머니 넣고 나왔다. 당시 그에게 15달러는 대단한 돈이었다. 그러나 양심의 가책이 되어 친구에게 이야기했더니 "나라면 그 돈으로 연극을 보겠다." 라고 대답했다. 친구의 말에 용기를 얻은 그는 양복을 사 입었다. 그때 그는 처음 양복을 입어 보았다.

그 후 그는 우연한 기회에 신앙생활을 시작하게 되었다. 그는 기도하는 가운데 하나님의 음성을 들었는데, 그가 속인 15달러에 관한 것이었다.

"빌리야! 너에게는 은행 빚 15달러가 있다. 그것을 어떻게 하겠느냐?" 그는 항변했다.

"그 돈은 은행 쪽에서도 모르는 돈입니다."

그런데도 하나님께서는 계속 말씀하셨다.

"그러나 나는 알고 있고 절대로 잊지 않는다."

그는 5년간에 걸쳐 계속 하나님의 책망을 받았다. 그는 이 죄를 해결하지 않고는 신앙생활을 할 수 없다는 것을 깨달았다. 그는 결심하고 사과 편지와 15달러 어음을 은행에 보냈다. 그와 동시에 그는 마음에서 들리는 하나님의 음성을 들었다.

"네 죄 사함을 받았느니라!"

예화와 관련된 말씀

또 그 살인과 복술과 음행과 도둑질을 회개하지 아니하더라 (계 9:21).

22 지옥행 열차는 타기 싫다!

하나님의 메시지를 듣고 침울한 심정으로 집에 돌아왔다. 스스로 영락없이 지옥행이라는 결론에 이르자 선택할 수 있는 길은 단 한 가지밖에 남아 있지 않았다.

시계를 보니 4시 30분이었다. 마음이 너무 갈급한 나머지 아내를 깨워 새벽기도회에 가겠다고 말했다. 지옥행 열차는 정말로 타기 싫었기 때문에 마음속 깊이 찢어지는 심령으로 울부짖었다.

대학 시절, 신은 죽었다고 궤변을 늘어놓으며 주 여호와의 이름을 망령되이 일컬었던 죄, 술 취하여 유흥가에서 헤매며 방황하던 일, 뻔뻔스럽게 시험 때 부정행위를 했던 것, 가정에 태만했던 아버지를 몹시도 미워했던 일 등등. 그 상황에서 내게 남아 있는 단 하나의 방도는 주님이 십자가에서 흘리신 보혈로 죽음에 이르는 죄들을 깨끗이 씻어 달라고 절규하는 것 뿐이었다.

갑자기 온몸이 덜덜 떨리기 시작했다. 얼마나 떨었던지 내가 앉아 있는 긴 의자도 달달거렸다. 한 가지 죄가 기억나 그것을 주님의 보혈로 씻어 달라고 기도하면, 곧 이어 또 다른 죄가 떠올랐다. 그 죄를 용서해 달라고 간구하면 그 다음의 죄가 회개를 기다리고 있어, 진정 내 인생이 전적으로 죄로 인해 버려진 참혹한 삶이었음을 깨달았다. 기도를 끝내면서 눈을 뜨고 고개를 들었다.

오른쪽 콧구멍으로 누렇고 시꺼먼 덩어리가 나와 있었다. 나는 직감적으로 그간 그토록 고생하던 비염을 하나님께서 치료해 주셨음을 알아차렸다.

나는 이루 셀 수 없는 죄들이 골고다 언덕에서 흘리신 어린양의 피 권세로 용서 받았음을 믿었고, 나의 질병까지도 치료해 주신 하나님께 감사했다.

- 「손교수의 못말리는 전도행전」, 손권

예화와 관련된 말씀

그러므로 네가 어떻게 받았으며 어떻게 들었는지 생각하고 지켜 회개하라 만일 일깨지 아니하면 내가 도둑 같이 이르리니 어느 때에 네게 이를는지 네가 알지 못하리라(계 3:3).

23 | 회개했는가?

미국 중서부의 어느 주에 기독교를 반대하던 한 농부가 있었다. 그는 주일 아침에 밭을 갈 때, 기독교인들이 교회로 가는 것을 보고 공개적으로 비판했다.

그해 10월에 농부는 그 지역에서 가장 많은 농작물을 수확했다. 그는 신문에 광고를 내어 "나 같은 사람이 성공한 것을 보면 하나님을 믿는 믿음은 특별한 것이 아님이 분명해."라고 말했다. 그 다음에 발행된 신문에서 기독교인들은 다음과 같이 답했다.

"하나님이 언제나 10월에 결산하시는 것은 아니다."

우리는 하나님이 놀랄 만큼 오랫동안 인내하시지만 어떤 죄라도 그냥 넘어가시지 않는다는 사실을 깨달아야 한다. 죄는 항상 필연적인 결과를 낳는다. 하나님이 어느 누구에게도 그분의 법을 무너뜨리시지 않음을 우리에게 알게 하실 때가 있다.

사탄은 "죄를 지어도 아무도 모를 거야. 죄를 지어도 피할 길이 있어"라고 거짓을 말하며 우리를 유혹한다. 그러나 하나님은 "너희 죄가 정녕 너희를 찾아낼 줄 알라"(민 32:23)

라고 분명히 말씀하신다.

따라서 죄를 없애는 방법은 오직 회개밖에 없다. 성경은 말한다.

"너희가 회개하고 돌이켜 너희 죄 없이 함을 받으라 이같이 하면 유쾌하게 되는 날이 주 앞으로부터 이를 것이요"(행 3:19).

– 「하나님을 경외하는 마음」, 조이 도우슨

예화와 관련된 말씀

그러므로 너희가 회개하고 돌이켜 너희 죄 없이 함을 받으라 이같이 하면 새롭게 되는 날이 주 앞으로부터 이를 것이요(행 3:19).

24 | 못 들어갑니다!

오스트리아의 수도 비엔나에 '임페리얼 박물관'이 있다. 이 박물관에는 세계적으로 유명한 그림 한 점이 소중하게 소장되어 있다. 참으로 특별한 그림이다. 로마 황제가 성당에 들어가려 하는데 주교가 문을 딱 막아선 채 "못 들어갑니다!" 하고 저지하는 내용을 묘사한 그림이다.

소재가 된 이야기는 다음과 같다.

A.D. 390년, 데살로니가에서 로마에 항거하는 반란이 일어났다. 로마 황제 테오도시우스 1세는 이를 진압한다고 데살로니가 시민을 1,500명이나 학살하고 말았다. 이 일로 말미암아 교회는 로마 황제를 엄히 정죄했다.

이 테오도시우스 황제가 밀라노에 갔다가 성당에 들어가려고 했다. 당시 밀라노의 사교(司敎)는 저 유명한 성 암브로시우스 주교였다. 바로 성 아우구스티누스를 기독교로 개종시킨 분이다.

테오도시우스 황제가 이분한테 걸려든 것이다. 암브로시우스는 성당 정문 앞에 떡 버티고 서서 황제를 단호히 가로막았다.

"못 들어갑니다!" 서슬이 시퍼렇게 선언한다. 목숨을 건 암브로시우스의 이러한 태도 앞에서 황제는 얼결에 대꾸한다.

"성경에 보면 다윗 왕도 죄인이 아닙니까?"

그러니 자기에게도 이렇게까지 냉혹하게 대할 것은 없지 않느냐 하는 뜻의 변명인 셈이다.

"다윗의 죄를 모방하시렵니까?" 하고 암브로시우스는 황제의 말문을 막아버렸다.

"그렇다면 다윗의 참회도 모방하셨야지요. 다윗처럼 회개를 하십시오!"

황제는 기가 질려서 땅바닥에 엎드리고 만다. 이것이 그림의 내용이다.

예화와 관련된 성경 말씀

> 사람들이 크게 태움에 태워진지라 이 재앙들을 행하는 권세를 가지신 하나님의 이름을 비방하며 또 회개하지 아니하고 주께 영광을 돌리지 아니하더라(계 16:9).

25 | 회복의 은총

영국의 빅토리아 여왕이 하루는 유명한 제지공장을 방문하였다.

여왕은 공장 안을 시찰하다가 휴지와 걸레 같은 너저분한 것들이 산더미처럼 쌓여 있는 방을 보고 놀라서 이것이 무엇이냐고 물었다.

"저것은 깨끗하고 질이 좋은 종이가 될 원료들입니다."

공장장의 설명을 들은 여왕은 더욱 깜짝 놀랐다.

"아니 저렇게 더러운 것들이?"

궁전으로 돌아온 여왕은 며칠 후 그 제지공장으로부터 아름답고 깨끗한 편지지 묶음을 선물로 받았다.

그것은 며칠 전 여왕이 보았던 바로 그 더러운 휴지 조각으로 만들어진 것이었다. 공장장의 편지 끝에는 다음과 같은 말이 쓰여 있었다.

"그 걸레 같던 종이들이 아름다운 편지지로 변화되어 지금 여왕 폐하의 궁전에 가 있듯이 완악한 죄인들도 하나님의 은혜로 변화되면 언젠가 주님이 오시는 때에 하나님 나라 궁전에 가있지 않겠습니까?"

그렇다. 하나님은 회개하고 돌아온 이스라엘을 향해 이같이 회복시켜 주시겠다고 약속하셨다. 이와 같은 역사는 오늘날에도 여전히 일어나고 있다.

예화와 관련된 성경 말씀

볼지어다 내가 그를 침상에 던질 터이요 또 그와 더불어 간음하는 자들도 만일 그의 행위를 회개하지 아니하면 큰 환난 가운데에 던지고(계 2:22).